MANUEL FRINCONI

AGENTE IMMOBILIARE PERFETTO

Tecniche e Strategie Per Diventare Un Agente Di Successo e Vendere Case Passando Dalla Vendita Alla Consulenza Immobiliare

Titolo

"AGENTE IMMOBILIARE PERFETTO"

Autore

Manuel Frinconi

Editore

Bruno Editore

Sito internet

http://www.brunoeditore.it

Sommario

Introduzione

Un mio vecchio maestro, quando gli parlavo delle crisi economiche che, ciclicamente turbavano i vari mercati, mi rispondeva sempre: "Ricorda: di due cose la gente non potrà mai fare a meno: delle case e delle bare"; quindi, secondo lui, potevo e dovevo star tranquillo, perché il mio settore non sarebbe mai andato in crisi.

Sappiamo tutti che così non è stato: dal 2008, stiamo vivendo in Italia una crisi immobiliare mai verificatasi prima, né per durata, né per intensità: una crisi immobiliare senza precedenti.

Il settore quindi è "morto"? Assolutamente no. In realtà, il mio vecchio maestro aveva ragione. Se cambiano le cose, i tempi, le condizioni, dobbiamo cambiare anche noi, e il modo in cui si esercita la professione.

Le crisi avvengono sempre quando si rendono necessari dei

cambiamenti, ma il sistema ancora non si adegua. Quindi adattarsi diventa inevitabile. Chi non si adegua, viene inesorabilmente tagliato fuori dal relativo mercato.

L'essere umano è stato in grado di arrivare in cima alla catena alimentare, non perché sia il più forte, quanto piuttosto perché è stata la specie che più e meglio è riuscita ad adattarsi ai cambiamenti. Ecco perché non solo non ci siamo estinti, ma abbiamo addirittura scalato il vertice della catena alimentare.

Crisi o non crisi, la gente avrà sempre bisogno di "case" e di "bare". Per ovvie ragioni. Quindi occorre comprendere come, dove, e quanto siano cambiati i mercati immobiliari, in che direzione si stanno muovendo, e adeguarsi a questi cambiamenti. I quali sono sempre degli elementi di rottura col passato, ma soprattutto con le distorture del passato.

Per cui, al di là del momento di turbolenza e intensità con cui avviene il punto di rottura, dopo, detti cambiamenti riportano sempre i mercati sui corretti binari. In che modo, relativamente alla nostra attività, sono avvenuti questi mutamenti?

In primis, cambiando il modo di intendere ed esercitare la professione: si è passati da un concetto di mera vendita a un concetto di vera consulenza, la quale comprende anche la vendita, ma non si esaurisce solo con essa.

In tal modo, le nubi sul mercato immobiliare per gli operatori del settore, ossia gli agenti immobiliari, si dissolveranno, e tornerà il sereno. Perché di due cose l'essere umano non potrà mai fare a meno: delle case e delle bare.

Cambiare casa non è come cambiare una camicia: è l'acquisto più importante della vita di una persona, di una famiglia, per cui dietro c'è un carico emotivo pazzesco. Se ci si sbaglia con l'acquisto son dolori.

Quindi, siccome gli aspetti che coinvolgono una vendita sono molteplici, occorre assistere il cliente sull'intero processo di vendita e/o acquisto.

Non bisogna essere professionisti anche in campi che non ci appartengono (notaio, avvocato, commercialista, fiscalista, geometra) ma è necessario certamente avere una competenza base in settori connessi al nostro immobiliare, perché ex lege 39/89, siamo responsabili della fattibilità dell'operazione.

In questo libro, imparerai tutti i trucchi e segreti per diventare un perfetto consulente immobiliare: ma di cosa si tratta esattamente? Dell'approccio psicologico di cui ti insegnerò tutti gli aspetti e sfaccettature, dell'approccio professionale, in cui imparerai il giusto atteggiamento da tenere in ogni circostanza, dell'approccio tecnico, in cui vedrai come coinvolgere il cliente ben oltre il normale rapporto cliente/agente.

Ti mostrerò come far sentire accudito il cliente fin dalla prima chiamata in agenzia per prendere informazioni, al dopo rogito. Capirai come e quanto sia importante essere un buon uomo, prim'ancora che un bravo professionista.

Perché non credo si possa essere un buon professionista se non si è una bella persona. Comprenderai come la qualità dei tuoi clienti dipenderà dalla qualità della tua persona, e vedrai come cambierai, attraverso i clienti che attiri nel tempo.

Imparerai a non fallire più neanche una trattativa. Perché avrai imparato a conoscere te stesso, e quindi il genere umano.

Capitolo 1:
Come passare dalla vendita alla consulenza

In passato, gran parte dell'attività dell'agente immobiliare ruotava principalmente attorno a due momenti: quello dell'acquisizione e quello della vendita. Inoltre non era richiesta una preparazione specifica, anche perché la normativa del settore era molto meno stringente e complicata rispetto a quella odierna.

Altri tempi, non c'era internet, per cui le acquisizioni si facevano in prevalenza col metodo "porta a porta"; battendo tutti i citofoni della zona, e reperendo interi tabulati telefonici del quartiere con centinaia di nomi da contattare uno per uno, con scuse e trucchi più o meno discutibili, spesso anche con tecniche poco ortodosse.

Oggi non è più possibile acquisire in quel modo, anche se, vedo ancora per le strade, coppie di agenti immobiliari con blocco notes, cravatta identica, che setacciano i citofoni delle vie uno per uno.

Queste metodologie per fare acquisizioni (citofoni e tabulati telefonici da passare in rassegna entrambi) non sono oggi più praticabili per varie ragioni: le persone da almeno un decennio sono bombardate in maniera sempre più invasiva, grazie al moltiplicarsi delle agenzie e all'evoluzione della tecnologia, da pubblicità su qualsiasi mezzo: telefono, posta, mail, tv, citofono e via dicendo.

Una simile pressione, data l'eccessiva incessante insistenza di pubblicità e metodi poco graditi, ha creato una comprensibile ostilità verso queste forme di contatto, unitamente al fatto che, essendosi moltiplicate le truffe, la gente manifesta istintivamente una diffidenza più che giustificata, oltre che una forte avversione nei confronti delle continue violazioni della privacy cui è sottoposta.

Prima funzionava così: su 100 nominativi contattati, 10/12 ricevevano gli agenti, 4 davano casa da vendere. Il che significava non meno di 20/25.000 euro di provvigioni fra acquirente e venditore. Quindi si lavorava sulla quantità dei contatti: se la media erano 4 chiusure su 100 contatti, su mille contatti si parlava di 40 chiusure, e quindi di provvigioni per euro 200/250.000.

Giravano più soldi, la gente era meno stressata di oggi, più incline al contatto, magari anche per una semplice valutazione del proprio immobile. Ogni scusa era valida per l'agente scaltro, per indurre o quanto meno far riflettere le persone, di quanto "quel momento" fosse ottimo per vendere la propria casa e prenderne un'altra più bella.

Ovviamente solleticando e stuzzicando l'immaginazione del cliente, portandolo dove l'agente voleva: far immedesimare il cliente in una situazione migliorativa rispetto a quella in cui era, anche se non ne aveva bisogno. Chi non guarda verso "il meglio", se gli viene prospettata la possibilità?

Il gioco era fatto a quel punto. Tutto questo oggi non funziona più. Negli anni i citofoni sono stati strabattuti da decine di agenti (c'era un periodo che aprivano più agenzie immobiliari che banche) e da venditori di altri servizi/prodotti. Idem per i contatti telefonici e via email.

Per quanto riguarda la vendita stessa, anche qua, spesso, erano utilizzate (talvolta ancora adottate) tecniche discutibili: annunci di frequente non veritieri, misurazioni distanti dalla realtà, foto più o meno artefatte che rendevano l'idea di un immobile diverso da come era realmente.

O, peggio ancora, omissioni di informazioni importanti (come celare volutamente l'accatastamento per rivelarlo solo all'appuntamento); o di situazioni che comunque devono esser portate a conoscenza dell'acquirente (ad esempio la mancanza di agibilità, situazione urbanistica o catastale irregolare, procedure di condono in corso) per metterlo in condizione di poter valutare l'acquisto sulla base di una corretta e completa conoscenza anche documentale dell'immobile.

Insomma, ogni scusa era valida e/o legittima per portare i clienti nell'appartamento. A qualsiasi costo. Poi in loco, molti si sarebbero infastiditi nello scoprire una realtà differente da quella illustrata degli annunci, ma prima o poi si sarebbe trovato chi avrebbe comunque acquistato. Si lavorava sulla quantità delle persone da portare nell'appartamento.

Ecco, troppo spesso, prima, erano queste le tecniche sia di acquisizione sia di vendita. Dritti all'obiettivo, e senza scupoli! Per carità, non erano tutti così gli agenti immobiliari, sia chiaro. C'erano anche ottimi e validi professionisti, e come in ogni professione ci sono i bravi e i meno bravi.

Tuttavia, se l'intera categoria non gode di una buona fama, è perché evidentemente i "meno bravi" rappresentavano la maggioranza. Per fortuna, questa crisi sta facendo pulizia. Perché ogni crisi in sé, oltre ai danni del momento, pone al tempo stesso le basi per un rinnovamento di cui evidentemente il mercato aveva bisogno.

Le crisi avvengono sempre quando le distorture di un sistema raggiungono livelli non più sostenibili e lo fanno implodere: vale per tutte le crisi: economiche, politiche, sociali, personali. Per comprendere il cambiamento, occorre capire le ragioni della crisi.

Tenendo presente che lo spazio fisico dell'Italia è limitato (per cui non si può costruire troppo) e che per questo motivo non correremo mai i rischi che, ad esempio, ha corso il mercato americano (avendo tanto spazio su cui edificare, il mercato immobiliare segue quello del lavoro), come mai, a un certo punto, il bene più amato dagli italiani è entrato in crisi?

Semplice: i prezzi delle case crescevano a dismisura, senza che a tale crescita corrispondesse un reale sviluppo economico. Ma perché crescevano a dismisura? Per un'unica ragione: il settore immobiliare assorbiva tutto il nero in circolazione. Era la "lavatrice" del nero.

Potenziata l'efficacia dell'Agenzia delle Entrate, dotata di strumenti telematici volti ad acquisire informazioni e a incrociare i dati, strumenti evoluti e particolarmente efficienti, nel quadro di una più ampia lotta all'evasione, unitamente alla creazione di un'impalcatura legislativa elaborata *ad hoc*, per limitare l'uso del contante e per rendere sempre più difficile sia l'evasione sia l'elusione fiscale, non è stato più possibile far fluire tutto quel denaro non dichiarato nel settore immobiliare.

Ad esser precisi, non è più possibile in nessun settore economico. Quindi, a seguito di ciò, nei primi anni dopo il 2008, c'è stato un crollo della domanda, a cui è seguito un crollo dei prezzi.

Complice anche un'elevata tassazione sulle seconde case e l'aumento di imposte come Tari e Tasi, e costo di mantenimento delle stesse, a fronte di una perdurante crisi economica che ha drasticamente ridotto le possibilità della media borghesia.

Il crollo della domanda corrispondeva a un reale minor bisogno di case? Certamente no. Non potendosi più utilizzare il nero, e nel contempo essendo entrato in crisi anche il sistema bancario soprattutto nella concessione dei mutui, tutto questo ha portato alla contrazione brusca della domanda per circa 4-6 anni.

Solo chi aveva denaro "bianco" o una corposa busta paga, poteva acquistare senza problemi. Ma, come è noto, gran parte degli italiani (l'82% è proprietario della casa in cui abita, valore questo più alto d'Europa) acquista con mutuo.

Quindi chiusi i rubinetti delle banche, giunta la recessione economica, e non potendosi più spendere il nero, per tutte queste ragioni, la domanda è a dir poco collassata. Ricordo ancora di quanto e come, in quel periodo, fosse del tutto inutile abbassare i prezzi anche di molto, talvolta di troppo, e ciononostante, il telefono non squillava.

Non era un problema (solo) di soldi (per quanto influisse ovviamente) ma di "clima", di "sentiment" negativo, che paralizzava il mercato. Da circa tre anni, il mercato è ripartito, ma stavolta su basi corrette. Questo perché si sono verificate contemporaneamente quattro condizioni mai concretizzate prima tutte insieme, le quali hanno fatto ripartire la domanda:

1- Le case costano molto meno.
2- Il denaro costa pochissimo.
3- Anche come investimento, con la cedolare secca al 10% conviene più di altri investimenti (e dimezza il nero).
4- Non esistono più titoli di Stato che rendevano a due cifre, e l'italiano non è acculturato su altre forme di investimento (filatelia, numismatica, pietre preziose, vini, mercato dell'arte ecc.).

In base a questi quattro motivi, il mercato è ripartito bene, su una base sana, con valori corretti. Non a caso, si registra da tre anni un incremento della domanda, dei volumi di compravendita, a cui non corrisponde una crescita di prezzi slegata dall'andamento dell'economia reale.

Quindi questa crisi ha ripulito il mercato dagli eccessi e lo ha riportato su binari corretti. Oggi è come deve essere. È anche più selettivo: essendoci ancora prevalenza di offerta sulla domanda, si vendono, in tempi accettabili, solo quegli immobili che presentano un corretto rapporto qualità/prezzo.

I tempi di vendita si sono allungati perché essendoci più concorrenza data la preponderanza dell'offerta, i potenziali acquirenti, prima di decidersi, si vanno a vedere tutti "i beni analoghi dai prezzi noti" nella zona in cui cercano.

Solo che, prima della crisi, ad esempio, pezzi simili a quello che avevo in vendita, nel raggio di 500 metri, erano 7; oggi sono 30. E prima di acquistare, la gente li va a vedere tutti. Ecco perché si sono allungati i tempi decisionali e di vendita.

In conclusione, oggi, abbiamo un mercato ripulito dagli eccessi, dalle distorture, fatto di una clientela più esigente data l'abbondanza dell'offerta, e con un'evoluzione normativa anche urbanistico-catastale decisamente più complessa, abbondante e stringente.

A seguito di questi profondi cambiamenti, come si pone l'agente immobiliare? Come detto poc'anzi, deve cambiare anch'esso. Un altro effetto della crisi immobiliare è stato quello di spazzare via le agenzie immobiliari improvvisate, senza professionalità, senza preparazione.

Il che è un bene ovviamente. A parte questo, l'agente immobiliare deve puntare più su una consulenza immobiliare completa, rispetto alla mera vendita.

Anche i metodi di acquisizione devono cambiare, ma questo lo vedremo dopo. Cosa significa puntare sulla consulenza? Vuol dire condividere col cliente l'intero processo decisionale: dall'idea, alla realizzazione dell'idea. Ma non solo: occorre indagare anche sulle reali motivazioni che lo portano a valutare simili cambiamenti/decisioni.

Non sempre quello che il cliente vuole, coincide con ciò di cui ha bisogno. E non sempre ciò che sceglie (o vuole concretizzare) consiste in ciò che è meglio per lui. Non di rado, entro da un cliente che mi ha contattato per realizzare un'idea, e quando esco, abbiamo cambiato, modificato, integrato la sua idea.

A questo serve la consulenza: valutare assieme ciò che è meglio per il cliente. Perché assieme? Perché il cliente non è esperto, quindi non conosce le implicazioni che una sua scelta non corretta o non consapevole potrebbe dover subire, o gestire.

Fondamentale, quindi, è scoprire cosa muove una persona nel decidere se vendere, acquistare, locare. Su quali basi vuole compiere certi passi e per quali ragioni.

Compreso ciò, si può agire in maniera consapevole. Un obiettivo di per sé non è importante. Ciò che lo qualifica è il percorso che si compie per raggiungerlo. Il percorso è determinato dalle reali necessità, esigenze, e desideri del cliente. Compresi bene quelli, tutto il resto è in discesa.

Un cliente che non ha le idee chiare, è un cliente che va guidato, preso per mano, e condotto dove è meglio per lui. Anche se ciò non dovesse coincidere con quanto desidera. Questa è la consulenza. Che, come comprenderai, è un qualcosa di molto diverso dalla mera vendita.

Nella mera vendita, un agente vale l'altro: porto una casa da vendere a dieci agenti, e chi me la vende prima e a miglior prezzo, è il migliore. Tutto questo non indica minimamente la bravura e professionalità di un agente, perché, in casi come questi, vince più la fortuna che la bravura.

È vero che Napoleone diceva che "in guerra meglio essere fortunati che bravi", tuttavia, la fortuna può riguardare singoli casi, mentre la bravura l'intera attività (e quindi molti più casi).

Oltre a spostare il focus dell'attività dalla vendita alla consulenza, c'è un'altra cosa su cui l'agente immobiliare ha grosse aree di miglioramento: la preparazione. Ancora oggi, la maggior parte degli agenti immobiliari non è preparato, non studia, perché pensa che sia superfluo.

Ritiene che l'importante sia solo acquisire e vendere. Poi nell'attività, se serve un professionista qualificato per risolvere eventuali problemi, si paga.

Ancora sento colleghi (io personalmente non mi ritengo loro collega) ragionare in questo modo. È un errore gravissimo. La preparazione professionale e culturale è alla base di qualsiasi professione.

E purtroppo, la mia categoria, in termini di dignità professionale, non è percepita al pari di altre categorie professionali, proprio per questa ragione: non è preparata.

Io imporrei l'obbligo della laurea, ma a parte il mio pensiero, rimane il fatto che pochi studiano, pochi si aggiornano, e pochi si mantengono costantemente preparati. Ogni tanto faccio trattative per conto di amici che trovano case con altri colleghi, ma senza qualificarmi come collega: mediamente un pianto.

Sento cose che meriterebbero l'estinzione della categoria, per insulti all'intelligenza, e che denotano una impreparazione grossolana, intollerabile.

RIEPILOGO DEL CAPITOLO 1

- SEGRETO n. 1: per sopravvivere alla crisi immobiliare, proprio come ha fatto il mercato, occorre rinnovarsi, adattarsi alle nuove mutate situazioni ed esigenze.

- SEGRETO n. 2: la vera forza sta nel passaggio dall'attività di mera vendita, alla vera consulenza immobiliare.

- SEGRETO n. 3: abbandona i vecchi schemi di acquisizione e di vendita, non più idonei ai mutamenti che la crisi e la tecnologia hanno apportato in maniera irreversibile nel mercato.

- SEGRETO n. 4: la consulenza vera lavora sulle persone, non sulle case.

- SEGRETO n. 5: occorre sempre essere preparati, aggiornati, professionalmente competenti, in un mercato molto più selettivo, e per certi versi più difficile.

Capitolo 2:
Come acquisire clienti in modo efficace

Il vero e unico obiettivo di qualsiasi libero professionista è fondamentalmente uno solo: trovare lavoro. Ossia trovare clienti. Senza clienti, si è senza lavoro.

Sembra una battuta, ma non lo è. Avvocati, dentisti, commercialisti, medici, notai, se non trovano clienti, o non aprono, o se hanno aperto, chiudono. Un dipendente guadagna il suo stipendio a fine mese a prescindere da tutto e da tutti. L'imprenditore, il libero professionista no.

Se non acquisisce tramite sviluppo, e non vende la "sua" professionalità, non incassa, quindi non guadagna. Ergo, di tutta l'attività professionale, quella dell'acquisizione è sicuramente la fase più importante e prioritaria.

Ma, se prima abbiamo detto che l'acquisizione attraverso i vecchi metodi porta a porta non funzionano più (telefonate grazie a tabulati telefonici, citofoni, volantinaggio, e chi più ne ha più ne metta) come si fa a costruirsi un proprio portafoglio clienti?

In vari altri modi. Vediamo il primo: si trasportano su un foglio Excel tutti i nominativi dei propri contatti, amici, conoscenti, e chiunque sia sulla nostra rubrica telefonica e social network.

Solitamente per ciascuno di noi, parliamo di qualche centinaia di contatti. Accanto ai nomi trascritti sul foglio Excel, si segna cosa fanno nella vita e ogni informazione utile a "qualificarli".

Dopodiché vanno contattati uno per uno, per poi incontrarli tutti, naturalmente sempre fuori dall'orario di lavoro (diversamente non potrebbero dedicarti la giusta attenzione), per spiegar loro nel dettaglio la tua (nuova) attività; mostrare in cosa si è diversi dagli altri e perché conviene scegliere te.

Al primo giro di tutti i tuoi contatti, vedrai che con ogni probabilità ancora non esce fuori nulla, o piccole cose. Ma non fa niente: intanto hai portato a conoscenza di tutti i tuoi contatti chi sei, cosa fai, e perché si devono rivolgere a te in caso di necessità immobiliari.

Nonostante tu abbia fatto a questo punto il primo e più importante passo, finché non entri "nell'immaginario collettivo" dei tuoi contatti, in modo stabile e permanente, è necessario ricontattarli e rincontrarli periodicamente, a cadenza bimestrale.

Questo serve per "consolidare" e "imprimere" la tua figura professionale nella mente dei tuoi contatti. Diversamente, dopo il primo incontro, nel giro di una settimana nessuno o quasi si ricorderebbe più di quel che hai detto loro.

Quindi vedere/sentire tutti i tuoi contatti, ciclicamente, deve essere una priorità da ripetere ogni due mesi, attraverso qualsiasi tipo di scusa: anche tramite le più banali, e/o finte, del tipo "ciao, ero in zona, mi sei venuto in mente e ti volevo offrire un caffè".

Vedrai che pian piano comincia a uscire fuori qualcosa: di affitti, al parente che deve vendere, al collega che deve acquistare, al tizio che ha appena venduto e deve reinvestire, a richieste di valutazioni, consulenze, e via dicendo. Ancora oggi io stesso, quando ho pochi pezzi nel mio portafoglio immobiliare, riapro la mia rubrica (ho circa 800 nominativi), scorro tutti i nomi, e mi segno su un figlio almeno 30/40 nomi che non sento da un po'.

Li ricontatto con le scuse più disparate, li vedo, e alla fine: 3-4 pezzi nuovi (o contatti di loro amici che hanno bisogno di me) escono sempre fuori.

Il lavorare sul proprio portafoglio conoscenze è il più importante metodo a parere mio per una ragione: ogni cliente soddisfatto è la tua miglior pubblicità, e dopo averti provato stai tranquillo che ti manda i suoi amici.

E loro, a propria volta, se lavori bene, ti mandano i loro amici. Quindi la possibilità di accrescimento del proprio portafoglio clienti è di fatto esponenziale e illimitata, se lavori come si deve.

Un altro modo per reperire clienti (uno non esclude l'altro, anzi vanno percorsi contemporaneamente) è quello di frequentare ambienti di aggregazione interessanti: circoli sportivi ben frequentati, circoli di qualsiasi altro genere come anche Rotary o Lions, associazioni culturali, i genitori della scuola di tuo figlio, e/o qualunque centro di aggregazione possa darti accesso a tante persone.

Ogni persona può esser tua cliente. E se per qualsiasi ragione non può esserlo lei, può presentarti chi può esserlo. Non devi ragionare in termini di riscontro immediato.

Mi è capitato che alcune persone avessero già comprato o venduto, per cui per anni non avrebbero potuto essermi utili: tuttavia ho erogato ugualmente loro consulenze, elargito gratuitamente consigli, e a fronte di questa mia disponibilità e cortesia, si sono comunque sentiti in dovere di mettermi in contatto con loro amici/conoscenti, che poi mi hanno portato lavoro.

Ecco perché chiunque può e deve (se sei bravo) diventare tuo cliente: direttamente, o indirettamente. Ricorda: un cliente soddisfatto (anche di un semplice consiglio o consulenza che hai regalato per cortesia) è la tua miglior pubblicità e ti manderà qualsiasi suo amico/conoscente che dovesse aver bisogno di te.

Ecco perché ti suggerisco, quando chiunque ti fa domande sul mercato immobiliare o su una sua situazione personale, di essere sempre disponibile, eroga consigli e consulenze (se non sono troppo impegnative) a puro titolo di cortesia.

In realtà non stai regalando nulla: stai vendendo la tua professionalità che, se valida, verrà acquistata, o comunque proposta in giro. Finché nessuno dei tuoi conoscenti chiede qualcosa, significa che il tuo ruolo professionale ancora non è passato; non sei nel loro immaginario collettivo e non ti considerano come professionista.

Ma quando le persone cominciano a indurti a parlare del tuo lavoro, significa che il tuo ruolo è passato, e che quindi ti pongono domande perché ti ritengono un esperto. Questo è il primo passo per farli diventare tuoi clienti, diretti e/o indiretti.

Ognuno può/deve diventare tuo (potenziale) cliente. Nessuno escluso. Devi lavorare sulla quantità: la gente non cambia casa come cambia le camicie, per cui se lavori sulle persone invece che sulle loro case, avrai a disposizione, oltre ai tuoi contatti in rubrica, tutti i contatti della rubrica dei tuoi contatti.

Quindi avrai un numero esponenziale tendente all'infinito di contatti reali e potenziali da sfruttare. La validità di qualsiasi professionista si vede e valuta proprio dal suo portafoglio clienti. E se lavori bene, ne potrai avere tantissimi. Dipende da te, da quanto sei disposto a investire su te stesso.

Vedrai che se lavori in questo modo, non dovrai più girare per reperire clienti: saranno loro e i loro amici a contattarti per usufruire dei tuoi servizi, senza che tu debba più sfiancarti nella parte più faticosa dell'attività: cercare clienti.

Quando sei arrivato a questo punto, sei diventato un agente immobiliare perfetto. Un terzo modo per farsi conoscere (da aggiungersi agli altri due, e non in alternativa) e procacciarsi contatti è quello di utilizzare internet (che è la rivoluzione del millennio: ti permette di esser visto ovunque).

31

Occorre farsi un sito proprio assolutamente accattivante e interessante, dopodiché utilizzare Google AdWords, per far sì che il tuo sito sia indicizzato, ossia appaia sempre ai primi posti quando un utente inserisce alcune parole chiave nei motori di ricerca.

Nel tuo sito metti una sezione interattiva, in cui chiunque possa contattarti per domandarti qualcosa, e una tua rubrica personale, in cui aggiorni il popolo web su situazioni, tendenze, evoluzioni, o temi particolari, del mercato immobiliare.

Devi entrare nell'ottica che chiunque può diventare tuo cliente: dal tuo barbiere, al tuo portiere, al tuo macellaio, calzolaio, amico, conoscente, vicino di casa, genitori degli amici di tuo figlio, e via dicendo. Ricorda che tutti hanno bisogno di una casa: di comprare, di vendere, di provvedere per i figli, di affittare, di investire, e così via.

E quindi, potenzialmente, tutti hanno o avranno bisogno di te. Soltanto che ancora non lo sanno. Tuo compito è quello di portare alla loro conoscenza che, per le loro esigenze immobiliari, e quelle dei loro amici, ci sei tu, e che a te si devono rivolgere anche solo per un consiglio e confronto.

Quando questo accade, significa che il tuo ruolo professionale è passato, che ti sei venduto (la tua professionalità) bene, perché sei diventato un punto di riferimento per i tuoi contatti e i loro amici.

Le considerazioni fin qui esposte valgono per lo più per professionisti indipendenti. Diverso il discorso per chi sceglie di aderire a franchising.

Come è noto, in questo caso, a fronte di un know how che viene trasferito dalla casa madre, unitamente all'utilizzo del marchio, alla formazione, e al portafoglio clienti dei colleghi aderenti allo stesso marchio, si versano mensilmente delle royalties o simili, si guadagna di meno sulle vendite di pezzi diretti (di clienti propri) e molto di meno su pezzi di tuoi colleghi.

Questo va a compensare il fatto che non devi faticare per reperire pezzi, dividi le spese dell'attività, ma soprattutto non devi faticare per acquisire l'esperienza che ti serve per andare avanti con le tue gambe, perché appunto il know how ti viene trasferito.

Ma ogni cosa ha il suo prezzo. Se si è giovani, all'inizio della professione, con zero o poca conoscenza del mercato, pochi pezzi da vendere, l'adesione a un franchising ha il suo giusto perché.

Quando hai fatto la giusta esperienza, hai maturato una certa conoscenza del settore, sviluppato una valida professionalità e competenza, ma soprattutto, quando si è oramai consolidati e conosciuti, non ha più senso aderire a franchising e quindi lavorare in proprio (perché ogni agenzia, anche se in franchising, è autonoma giuridicamente, ma non commercialmente) bensì a beneficio di altri.

Quando si è capaci, si imposta e si gestisce la propria impresa e attività professionale, secondo la propria visione, non secondo quella di altri. Ma soprattutto non si ha bisogno di pagare altri per un qualcosa che non serve più.

Anche perché i franchising vogliono che tu lavori sulla quantità (che per parte è anche giusto) perché hanno dei costi elevati da sostenere. E perché ci devono mantenere tutti i manager che non vendono più ma fanno solo i manager.

Un professionista qualificato invece deve lavorare sulla qualità. Ossia deve gestire un portafoglio che può seguire personalmente. Da giovani si marcia a spron battuto e si "raccatta" tutto ciò che si può vendere, pur di fare portafoglio, esperienza e un po' di guadagno.

Quando si è più maturi, più consapevoli, più esperti, più conosciuti, più consolidati, diventa prioritario il lavorare "bene" rispetto al lavorare "tanto".

All'inizio della professione si spendono tantissime energie: incontrare molte persone, percorrere un'infinità di chilometri, lavorare di sabato, spesso fino a tarda sera, e talvolta anche di domenica: andando avanti con gli anni, non si possono sostenere più certi ritmi: ma si presuppone che ci si sia consolidati e creato un proprio portafoglio clienti.

Ecco perché dopo anni, e col passare del tempo, diviene più

importante lavorare meglio, rispetto al lavorare tanto. Da giovane, quando mi dovevo costruire reputazione e portafoglio, "ero di bocca buona": prendevo qualsiasi cosa si potesse vendere e faticavo come un mulo per vendere ciò che era non proprio commerciale.

Oggi certi pezzi non li prenderei più in acquisizione, né prenderei più incarichi a troppa distanza. Ma rimane il fatto che non abbandonerei mai quei clienti, anche se non posso seguirli: li affiderei ai miei colleghi più giovani fidati, e ne seguirei comunque l'evoluzione della loro pratica, infine presenzierei nei momenti più importanti e delicati.

Avrei comunque sempre il mio ritorno d'immagine. A ogni costo. Se non facessi in questo modo, il cliente si sentirebbe abbandonato, o trattato come un cliente di serie B e perderei la sua fiducia.

Invece, dicendogli la verità (caro signor Rossi, in questo momento, essendo già colmo di impegni, non posso seguirla come merita, ma la affido al mio collega e amico Tizio, che si occuperà di lei, come fossi io, ma lui potrà farlo con tutta l'attenzione che io oggi non posso dedicarle, fermo restando che sarò aggiornato minuto per minuto, e pronto a intervenire in caso di bisogno) mantengo con lui il rapporto provilegiato, e avrei comunque un ritorno di immagine perché ho ugualmente soddisfatto le sue esigenze.

Perderei la provvigione che dovrei girare al mio collega (giustamente, perché il lavoro lo fa lui); ma non importa: il cliente rimarrebbe comunque legato a me, e la mia correttezza mi tornerebbe indietro in termini di onestà, moralità e correttezza.

Lavora sempre sulle persone, non sui loro soldi e sulle loro case. I soldi e le case vanno e vengono, le relazioni personali, se ben impostate, restano.

RIEPILOGO DEL CAPITOLO 2

- SEGRETO n. 1: l'attività più importante di un agente immobiliare è quella di trovare clienti. Tutto il resto è secondario.

- SEGRETO n. 2: occorre entrare nell'ottica che chiunque può diventare cliente, nessuno escluso.

- SEGRETO n. 3: pianifica contatti e incontri: ogni due mesi ripeti le operazioni. Devi entrare stabilmente nella mente delle persone.

- SEGRETO n. 4: vendi la tua professionalità anche attraverso semplici consigli, consulenze leggere e risposte a domande e curiosità. Tutto ti ritorna indietro prima o poi.

- SEGRETO n. 5: con l'esperienza impara a lavorare meglio, più che a lavorare tanto.

Capitolo 3:
Come promuovere correttamente gli annunci

Reperiti immobili, che siano in vendita o in locazione poco importa, come si fa a pubblicizzarli correttamente? Anche questa parte dell'attività è molto importante, perché la curiosità dei potenziali clienti si stuzzica *in primis* tramite il servizio fotografico, *in secundis* tramite un'adeguata descrizione dell'immobile.

Se un annuncio, completo di idonea documentazione fotografica e catastale, è impostato correttamente, metà del lavoro è gia fatto, nel senso che si attirano più clienti, rispetto ad annunci simili ma fatti meno bene, e soprattutto si attirano clienti giusti fin da subito.

L'immagine è tutto, perché non ha bisogno di spiegazioni o comprensione. Scorrendo gli annunci, istintivamente ci soffermiamo subito su delle foto che più ci colpiscono. La sensazione che dà una bella immagine è pura percezione piacevole; siccome non è mediata dall'intelletto, è difficilmente modificabile, trattandosi di istinto.

Non a caso, si insegna ai bambini piccoli il mondo attraverso le immagini. Degli studi hanno dimostrato che le persone ricordano oltre il 50% di ciò che vedono e il 30% di ciò che ascoltano.

Quindi, la percezione attraverso le immagini è sicuramente l'aspetto più importante di cui tener conto quando si elabora l'annuncio. Ma come si fanno le foto?

Le foto che fa un agente immobiliare son diverse da quelledi un privato, e dalle foto che farebbe un fotografo. Ad esempio, sono da evitare i "particolari", contrariamente a quanto si crede, e che invece vedo in giro. Perché?

Prima di tutto, non è detto che per chi guarda l'annuncio quel particolare sia degno di attenzione; poi perché il particolare, per sua natura, è soggettivo, e quindi, in quanto tale, impedisce al potenziale acquirente di proiettare la propria visione di sé stesso (di come vedrebbe ad esempio i suoi arredi) nell'immobile.

La foto deve sempre essere "artistica" nel senso che deve comunque trasmettere emozioni, sensazioni. Deve sempre e comunque essere "bella", comunicare piacere, ma per certi versi deve anche essere asettica.

Deve consentire al potenziale acquirente di proiettarci dentro il suo mondo, la sua visione, sé stesso; e se tramite un adeguato servizio fotografico ben studiato e realizzato ci si riesce, buona parte del lavoro di vendita è fatto.

Quando parlo di "asetticità" non intendo impersonalità. La casa ha sempre una sua personalità, ma i dettagli, i particolari, rischiano sempre di non favorire l'immedesimazione del potenziale acquirente in quella casa. Perché sono sempre soggettivi, parlano di chi ci abita. E ciò che piace a te, non è detto piaccia a me.

Dobbiamo eliminare il più possibile elementi soggettivi che creino distanze. Di foto non se ne devono fare in quantità industriale, o venti varianti di un'immagine. Troppe foto hanno lo stesso effetto di quando entri in profumeria: dopo il terzo profumo che odori, non senti più nulla e ti sembrano tutti uguali.

Un adeguato servizio fotografico comprende circa una ventina di foto. Di cui: 4-5 dell'esterno, 15-16 dell'interno. Ovviamente sono numeri indicativi e dipende dalla casa. Ma la media è questa. Dell'esterno ovviamente vanno colti gli aspetti più belli e signorili, che più colpiscono.

Se all'esterno un immobile non è un granché, si fanno al massimo una o due foto, o non si fanno per niente. Se invece è meritevole, si fanno le due visioni prospettiche, da destra e da sinistra, più portone d'accesso e l'androne se meritevoli anch'essi, idem per il vano scala con l'ascensore.

Va sempre enfatizzato ciò che è bello, e minimizzato ciò che è meno bello. Senza esagerare ovviamente. Tutto questo perché l'obiettivo primo di questa fase è convincere il cliente a visionare l'immobile. Quindi tutto quel che può indurlo a volerlo vedere, va fatto. Senza mai sconfinare nell'inganno.

L'obiettivo non è solo farlo venire a passeggiare nell'immobile, ma anche e soprattutto farglielo piacere e acquistare. Passiamo alle foto nell'appartamento. Innanzitutto, l'immobile deve essere assolutamente ben tenuto e ordinato.

Vissuto, ma ordinato. Letti fatti, tavolo con vaso di frutta o fiori in soggiorno, cucina a posto, bagni curati, nessun oggetto o vestito fuori posto, e tutte le cose (sedie, tavoli, mobili ecc.) messe in modo tale da massimizzare la percezione degli spazi, che devono sembrare più ampi e profondi possibili. Occorre quindi "preparare" la casa per il servizio fotografico.

Le foto degli ambienti si fanno nel seguente modo: ci si pone agli angoli delle stanze, in ginocchio, e dal basso verso l'alto, e con il grandangolo si scattano foto da almeno due angoli. In tal modo si trasferisce la percezione della larghezza, della lunghezza, dell'altezza e della profondità degli ambienti.

Tutte le luci devono essere sempre accese, anche di giorno. Questo per due ragioni: non sempre la luce del sole raggiunge tutti i punti degli ambienti; e quando c'è troppa luminosità, le foto vanno "in controluce" per cui vengono male. In quei casi, si abbassa un po' la serranda, o si chiudono le tende, sempre mantenendo le luci accese.

Se gli ambienti sono spogli, rendeteli più colorati, più brillanti, più gioiosi: con poco si può fare. Basta comprare a due soldi dai cinesi oggettistica ad hoc (tipo piante finte), dei quadri e tappeti da Ikea o Leroy Merlin. Insomma, la casa, come una donna, va "truccata".

Mettete sempre fra le prime foto quelle che più "bucano lo schermo", ossia quelle più belle, che colpiscono, e lasciate come ultime quelle meno significative. Poi corredate il servizio di piantine catastali o anche non catastali.

Dopodiché, si passa all'annuncio. Che non deve essere una mera e asettica descrizione degli ambienti, che anche una persona distratta saprebbe vedere e capire. Deve essere coinvolgente, esplicativo e illustrativo non solo dell'immobile, ma anche, ad esempio, relativamente alla presenza di servizi primari e secondari della zona, dei mezzi di comunicazione.

Facciamo un esempio: un conto è scrivere "Quartiere africano, adiacente viale libia, proponiamo pentalocale al quinto piano composto da salone doppio, due camere cucina e bagno, con cantina. Ristrutturato e luminoso".

Altro conto è scrivere "Nella splendida cornice di viale Libia, appena restaurata, con zone pedonali e aree a verde, proponiamo un appartamento signorile, in palazzo ben tenuto, con tripla esposizione, ubicato al quinto piano, cui si accede attraverso un cortile, che porta all'androne ornato con delle piante e illuminazione artificiale che ne esaltano la bellezza.

L'appartamento si compone di un ampio ingresso che si affaccia su un salone doppio, con due portefinestre che danno accesso al terrazzo vivibile con esposizione sud-ovest, rendendo quindi molto luminoso soprattutto di pomeriggio, per poi accedere attraverso un corridoio alla zona notte, composta da x camere da letto (si procede con la relativa dettagliata descrizione).

L'immobile si presenta ben diviso nella partizione degli spazi esterni, volendo è facilmente modificabile: ricavabile un ulteriore locale in caso di necessità, ottima la presenza di servizi primari (illustrare nel dettaglio quali) e secondari (illustrare quali) nel raggio di 200 metri.

Buoni i collegamenti viari e tramviari, ottimo rapporto qualità/prezzo, assolutamente da vedere". Ho praticamente detto le stesse cose dell'annuncio asettico, ma molto più "romanzate" e coinvolgenti.

Non devi fare un poema, ma un'adeguata descrizione come questa, che vada oltre il mero e freddo elenco del numero dei vani: ti assicuro è molto più gradita oltre che gradevole. Quindi fa sicuramente più effetto, per un noto detto nella comunicazione: "Spesso è più importante 'come' dici una cosa, piuttosto che 'quello' che dici".

Fatto servizio fotografico e annuncio, è opportuno inserire una piantina non necessariamente catastale, con eventuale piantina migliorativa, qualora l'immobile si prestasse ad abbellimenti nella distribuzione degli ambienti, magari con semplici spostamenti, o se fosse possibile ricavare una stanza in più.

46

Quest'ultimo punto è sempre gradito. Occorre evidenziare e sottolineare le potenzialità e i punti forti dell'immobile. In realtà ogni immobile ha punti forti e punti deboli. Un buon immobile è quello in cui i punti forti superano quelli deboli, mentre un ottimo immobile è quello i cui punti forti superano di gran lunga i punti deboli.

In questa fase dell'attività il compito unico è quello di indurre le persone a visionare l'immobile. Per cui, a meno che non si tratti di punti deboli rilevanti da riportare anche nell'annuncio per evitare di perdere tempo con visite inutili, è opportuno soprassedere sulle negatività, che comunque verranno valutate in sede di visita.

Non sto dicendo di nascondere, ma di omettere in questa fase ciò che non è commercialmente necessario dire. Ricorda sempre che in questa fase non devi fare una trattativa, ma devi "solo" portare le persone a vedere casa.

Quindi, rimanda a un momento successivo la gestione di eventuali obiezioni, valutazioni di negatività che saprai abilmente

47

compensare con le positività dell'immobile. Ma questo lo vediamo dopo nel dettaglio.

Ricapitolando: giunti a questo punto è necessario effettuare un servizio fotografico "che buchi lo schermo", accompagnato da un'ampia, adeguata e quasi romanzata descrizione dell'immobile, inserire una o più piantine, anche con possibili migliorie effettuabili.

È in questa fase che al potenziale cliente maggiori informazioni portano a migliori decisioni. Qualcuno mette anche i filmati per rendere la percezione più veritiera. Ma io sono contrario: la fotografia è sempre più artistica rispetto a un filmato, il quale "anticipa" le sensazioni che il potenziale cliente avrebbe nel varcare la soglia di casa.

Il che a me non piace, perché lo sviluppo delle sensazioni favorevoli del potenziale acquirente deve seguire una specie di "crescendo rossiniano": prima l'impatto di belle immagini attraverso le foto, poi la "poesia" di un articolato e piacevole "racconto" (l'annuncio lo intendo come un racconto e non una mera descrizione), infine la visita guidata all'immobile predisposto e preparato al meglio per ricevere il cliente e invogliarne l'acquisto.

Un annuncio così composto e corredato, ti assicuro che colpisce più di molti altri. Perché è particolare, studiato e curato nei dettagli, ma soprattutto perché mette in condizione il potenziale acquirente di capire/percepire immediatamente se l'immobile può fare al caso suo o meno.

Se elabori un ottimo annuncio, metà del lavoro di vendita è fatto, in quanto attiri solo chi cerca quel tipo di immobile e non altri. Scoprirai che ci sono molti perditempo in giro, e che è alquanto diffuso ciò che chiamo "turismo immobiliare" ossia la pessima abitudine di più di qualcuno di andare a vedere case senza avere reale necessità di cambiare, comprare, vendere.

Più sei preciso, più attiri le persone realmente interessate a ciò che offri. Ricorda che in questo lavoro le perdite di tempo sono un qualcosa di fisiologico, e quindi da ridurre al minimo possibile. Non si possono evitare perché quasi mai dipendono da te, ma si possono ridurre.

Se vai dietro alle persone, perdi solo tempo. Sono le persone che devono seguirti. Chi non ti segue, non è persona degna di attenzione, professionalmente parlando. Il professionista imposta e gestisce l'attività. Mai il cliente o il potenziale cliente. Quindi più sei preciso, concreto e deciso, più attiri persone giuste per la tua attività.

Anche qui, come in amore, con le persone il buongiorno si vede dal mattino, ma dipende da te come impostarlo.

RIEPILOGO DEL CAPITOLO 3

- SEGRETO n. 1: un ottimo servizio fotografico è il miglior biglietto da visita dell'immobile.

- SEGRETO n. 2: le foto devono essere quasi "artistiche": ossia trasmettere sensazioni ed emozioni.

- SEGRETO n. 3: in questa fase, che non è di trattativa, enfatizza i pregi e minimizza o ometti i difetti. L'obiettivo al momento non è vendere, ma portare i clienti dentro casa.

- SEGRETO n. 4: l'annuncio deve essere un "racconto" completo e coinvolgente, non una sterile descrizione degli ambienti.

- SEGRETO n. 5: tutto l'annuncio (con foto e piantine) deve essere completo, ma non troppo lungo. La soglia dell'attenzione rischierebbe di crollare e vanificare il lavoro.

Capitolo 4:
Come organizzare le visite negli immobili

Per fissare le visite, occorre dare delle disponibilità. Ma attenzione: c'è una profonda differenza fra "l'esser disponibili" e "l'essere a disposizione". Se a ogni potenziale cliente chiedi quando può lui, vedrai che ognuno ti proporrà giorni e orari differenti.

Ovviamente così non si può organizzare l'attività in maniera efficace ed efficiente, ma non solo: perderesti un mare di tempo. Invece il tempo va ottimizzato. Ferma restando una certa disponibilità ed elasticità, occorre fissare dei paletti entro i quali "incanalare" tutte le visite al singolo immobile.

Solitamente si scelgono una mattina e un pomeriggio a settimana, proprio per coprire le dodici ore diurne, in cui possano trovare spazio tutti i vari potenziali acquirenti. Sono giustificate deroghe solo per casi speciali. Altrimenti non campi più! Fissato il calendario delle visite, non rimane che iniziare a far vedere la casa.

Ma qui si apre un capitolo importantissimo. Casa non è una questione meramente pratica e/o solo economica. Casa è fondamentalmente un'emozione: c'è la storia di chi vende, e c'è il futuro di chi acquista. In entrambi i casi, si tratta di un'emozione, forte e intensa, e quindi come tale va gestita, ma soprattutto presentata.

Per spiegare meglio il concetto, farò un esempio. Cosa fa una donna al suo primo appuntamento serale con un uomo? Passa il pomeriggio a farsi bella: ossia a prepararsi per presentarsi al meglio, per fare subito un'ottima impressione: dalla scelta del vestito, all'estetista, al trucco, al profumo e via dicendo.

Ecco, per la casa vale la stessa identica cosa. E, come accade per una donna, quando la vedi per la prima volta, hai istintivamente e immediatamente una sensazione, piacevole o spiacevole, che, proprio perché non mediata dall'intelletto, non puoi cambiare.

In pratica, la prima impressione non dipende da te. Per la casa, accade la stessa identica cosa. Io non posso determinare la sensazione istintiva, ma posso favorirne l'impatto. Come? Facendo proprio ciò che fa la donna il pomeriggio antecedente al suo appuntamento serale.

Devo quindi preparare e presentare la casa al meglio, per favorire un impatto il più possibile piacevole a livello emozionale. E su questo si possono fare miracoli. O ci si può giocare l'intera visita. Vediamo come. Innanzitutto, la casa deve essere pulita e ordinata. Non deve sembrare una casa non vissuta, al contrario: vissuta ma pulita, profumata e in ordine.

Ricorda che le percezioni avvengono tramite i sensi, per cui si devono stimolare tutti i sensi del potenziale acquirente: importante è anche un buon odore. Ogni casa ha il suo odore caratteristico che, se fosse poco gradito al visitatore, magari perché troppo forte, acre, o speziato, erigerebbe inconsciamente una barriera istintiva fra lui e l'abitazione.

Quindi va arieggiata al massimo, oppure profumata con idonei diffusori di fragranze per ambienti. Ve ne sono di ogni genere: le mie preferite sono al muschio bianco, alla vaniglia. Non deve essere né troppo forte, né troppo debole. Deve essere piacevole.

Un buon odore favorisce a livello istintivo una piacevole sensazione. Le luci devono essere sempre accese, perché a differenza di quella solare illuminano gli ambienti in tutte le direzioni e a prescindere dall'ora.

Vanno evitate assolutamente luci al neon o bianche e fredde. Creano una sensazione di distacco, di fastidio. Sembrano luci di uffici pubblici, di commissariati, di ospedali. Quindi non gradevoli. Meglio mettere luci calde, simili a quelle oramai vietate a incandescenza. Ve ne sono di tutti i tipi e costi.

Quindi, la casa deve essere pulita, ordinata, con luci calde e ambienti profumati. Le dimensioni dei vani vanno massimizzate: la casa deve sembrare il più grande possibile, almeno come percezione; per cui, vanno eliminati oggetti, o complementi d'arredo che ingombrano o riducano gli spazi.

Vanno ottimizzate le posizioni degli arredi laddove possibile. Spesso basta spostare qualche sedia, un tavolo, una poltrona, un mobile, per dare alla stanza tutto un altro aspetto.

Non si devono sentire odori provenienti dalla cucina, non si devono vedere panni in giro, non deve esserci disordine, né sporcizia o cattivi odori, o lampadine fulminate, o una diversa dall'altra.

Magari è piacevole far trovare sul tavolo del soggiorno o del salotto un centrotavola con della frutta di stagione, o un vaso di fiori: frutta e fiori son sempre un tripudio di colori e profumi.

Gli specchi e i vetri vanno puliti, le ante dei mobili devono essere sempre chiuse, i cassetti anche. Se qualche complemento d'arredo è rovinato e non è possibile rimuoverlo, si deve in qualche modo coprire, occultare, nascondere.

Luce, profumo, ordine, ampiezza degli ambienti, magari anche della musica in sottofondo, favoriscono sicuramente una percezione istintiva positiva nel potenziale cliente, il quale già era stato attratto dalle foto fatte ad arte.

Avendo probabilmente più visite nello stesso giorno, poste a distanza di trenta minuti l'una dall'altra, non si lascia salire mai da solo il potenziale acquirente (perché magari si sta ancora con il cliente precedente nell'appartamento): occorre sempre sia accompagnare fino al portone i precedenti visitatori, sia ricevere all'entrata quelli nuovi.

Questo perché ogni potenziale cliente va fatto sentire come fosse l'"unico" e non come un numero. Quando incontri il cliente al portone, gli vai incontro, lo guardi negli occhi con un sorriso, gli stringi la mano e ti presenti (prima vi eravate sicuramente sentiti solo per telefono)

Successivamente cerchi di creare con cura un clima di cordialità, sintonia con un minuto di chiacchiere in cui gli domandi chi è, di cosa si occupa, come mai la decisione di acquistare, cosa ha visto, cosa cerca, cosa non desidera, insomma dai attenzione alla sua persona e alle sue esigenze.

Terminati i convenevoli e il minuto di confronto, si comincia con l'illustrare le caratteristiche e la positività del palazzo (sei ancora prima dell'androne, sul portone), la presenza e la vicinanza dei servizi, dei negozi, dei mezzi di trasporto.

Chiedi sempre, prima di iniziare a parlare, se è di zona, o conosce la zona: in caso di risposta affermativa, inutile evidenziare le positività perché le conosce sicuramente meglio di te, proprio come le negatività.

Preso l'ascensore, si arriva al piano e inizia la vera e propria visita. Fondamentale è l'assenza della proprietà in casa. Non deve mai essere presente, o se proprio non può farne a meno, deve collocarsi sempre in altre stanze, mai in quella dove sei col visitatore.

Questo perché l'aspirante acquirente deve potersi sentire libero di esprimere qualsiasi sensazione, curiosità, domanda, critica, commento. Se fosse presente il proprietario, ciò non sarebbe possibile, o peggio ancora, potrebbero verificarsi situazioni poco piacevoli, in cui una critica o un commento da parte del visitatore potrebbe essere mal interpretato dal proprietario, o poco gradito.

In questi casi, la sintonia scompare e si crea una sorta di tensione invisibile, che mal dispone il visitatore, e quindi diventa molto difficile riprendere la visita dal punto di vista emozionale. Pertanto è sempre meglio che la proprietà non sia mai presente al momento delle visite.

Illustra la casa in maniera completa, evidenziando le positività ma senza esagerare, soffermati fisicamente nelle parti più belle, cerca di essere più veloce in quelle meno belle o che presentano qualche problema.

Accogli le domande e le critiche, e contrapponi a ogni eventuale negatività che ti evidenza, una positività che la compensi, spiegando che ogni casa ha sia positività sia negatività, e che non esiste una casa che abbia solo positività.

Mantieni sempre un clima cordiale, e fallo parlare: spesso è più importante ascoltare che parlare, perché se parli ascolti ciò che sai, se ascolti, puoi scoprire cose che non sai del tuo interlocutore ma che per lui sono molto importanti; e ciò ti può essere di aiuto nella gestione della visita.

RIEPILOGO DEL CAPITOLO 4

- SEGRETO n. 1: nella gestione degli appuntamenti, sii disponibile ma mai a disposizione.

- SEGRETO n. 2: tu non vendi case, vendi emozioni.

- SEGRETO n. 3: non puoi determinare una percezione istintiva sulla casa, ma puoi favorirne la piacevolezza.

- SEGRETO n. 4: le sensazioni si percepiscono attraverso i sensi: puoi influire su tutti, preparando la casa *ad hoc*.

- SEGRETO n. 5: non trattare mai il cliente come un numero: fallo sentire sempre importante e quasi unico.

Capitolo 5:
Come portare il cliente a fare l'offerta

Se hai impostato correttamente le precedenti attività, ossia, realizzato ottimi annunci con adeguato servizio fotografico, effettuato il giro delle prime visite, avrai gia la prima scrematura: di tutti coloro che hanno visionato casa, una parte non la vedrai più, ma un'altra parte ti richiamerà per effettuare un'ulteriore visita.

Questo perché un cliente che cerca seleziona tutte le case con caratteristiche simili nella zona desiderata, le va a vedere tutte o quasi, e al termine del giro delle prime visite seleziona quelle che hanno riscosso il suo interesse. In pratica, screma, e concentra la sua attenzione su quelle selezionate.

Ovviamente, la casa che acquisterà sarà una, per cui avrà certamente bisogno di rivederle per giungere a una valutazione completa e definitiva, che porti alla scelta dell'acquisto della casa che ritiene migliore per lui. Il tuo obiettivo in una seconda visita è diverso dal primo: se torna, evidentemente casa gli è piaciuta.

Pertanto, devi rafforzare questo suo gradimento. Il che significa che devi comunque incrementare la sensazione positiva mantenendo sempre casa pulita, ordinata, profumata e accogliente.

In questa ulteriore fase però devi lavorare più su particolari concreti. Le percezioni e sensazioni che muovono il cliente, nella prima visita, sono di carattere generale: casa piace o non piace. Quindi, quasi esclusivamente istintive.

Nella seconda visita, invece, subentrano valutazioni di tipo razionale, ossia quelle pratiche: il cliente ora vede se casa, oltre a piacergli, fa davvero al caso suo, se risponde veramente alle sue esigenze.

E anche qui non si deve sbagliare. È chiaro che se hai ben realizzato il servizio fotografico e l'annuncio, già sulla carta il cliente è in grado di valutare sommariamente se la casa risponda alle sue esigenze o meno (ecco perché prima spiegavo che un ottimo annuncio con adeguato servizio porta subito a clienti realmente interessati e non a turisti immobiliari).

Tuttavia la verifica sul campo è necessaria e imprescindibile, perché si valuta assieme (tu con il cliente) se davvero risponde alle proprie esigenze.

In questa seconda visita, solitamente, il cliente porta persone a lui vicine, come parenti, congiunti, o amici stretti, per sentire il loro parere e condividere la scelta. Qui dovrai porre molta attenzione: spesso ciò che ha determinato il gradimento del cliente non determina necessariamente il gradimento delle altre persone che lo accompagnano.

In pratica non piace ciò che è bello, ma piace ciò che piace. E non a tutti piacciono le stesse cose. Il problema può nascere quando a coloro che non hanno subito le stesse sensazioni piacevoli del cliente (amici, parenti) venga, dal medesimo, chiesta opinione.

Qui la questione è delicata perché chi non è stato colpito

dall'immobile tende a sminuire i punti di forza e a porre l'attenzione su quelli di debolezza. In pratica, ci rema contro!

Ecco perché, senza mai perdere il tono di cordialità e sintonia creata con il cliente, bisogna sempre accogliere eventuali critiche, e trattarle di conseguenza: ossia smontando razionalmente le critiche ingiustificate, contrapponendo positività a ogni negatività giustificata evidenziata, accettando le negatività oggettive e insindacabili, spiegando in questi casi che non esiste una casa senza difetti, e che di quella negatività si è tenuto conto nella determinazione del prezzo (anche se non è assolutamente vero).

Tutti modi, fondamentale è riportare in casi come questi il cliente alle sensazioni emotive della prima visita. Ora più che mai va fatto immedesimare in quella casa, con la sua visione e con i suoi mobili. Come? Semplicemente proiettandolo nuovamente ma in maniera più incisiva.

Chiedi che tipo di mobili ha, come e dove li metterebbe, suggerisci soluzioni alternative e/o migliorative, sia per eventuali lavori di ristrutturazione, sia nel posizionamento dell'arredamento. Offri idee, consigli, e domanda cosa gli piacerebbe davvero che non ha mai avuto in una casa.

In sintesi, se parenti e amici più o meno inconsapevolmente remano contro, siccome il cliente in fondo vuole conferme (da loro, ma anche da te), riportalo al vertice della tensione emotiva piacevole della prima visita, ma stavolta con più dettagli, particolari, idee, soluzioni, suggerimenti, e quanto sia necessario per proiettarlo dentro quella casa in maniera completa. Ci si deve proprio vedere dentro.

Quando nella sua emotività si è immedesimato in quella casa, e oramai abituato a quella sensazione, dopo è difficile tornare indietro, e distaccarsi da quella piacevole impressione ricevuta.

Ciò che muove l'essere umano sono le emozioni: si tende verso quelle belle, si fugge da quelle meno belle. Una volta poi che, in questa seconda visita, hai rafforzato l'impatto dell'emozione piacevole che quella casa suscita nel cliente, anche entrando nei dettagli prima esposti, dopo non ascolterà nessuno dei suoi amici/parenti. Perché nel suo cuore, quella casa è gia sua.

Quindi bisogna porre molta attenzione a chi porta il cliente nelle ulteriori visite, e non si deve mai lasciarlo solo con le persone che lo accompagnano. Perché ha bisogno di rassicurazioni, consigli, e "spinte" verso la decisione.

Basta poco per vanificare il tuo lavoro fatto finora. Ricorda che il cliente, quando è in emotività è facilmente influenzabile, perché vulnerabile. Basta un consiglio sbagliato, una considerazione errata da parte di un suo amico a farlo vacillare nella propria decisione.

Ricorda che, per quanto spesso, gli amici fanno considerazioni poco pertinenti o addirittura errate, godono comunque della stima e dell'affetto del cliente (altrimenti non li avrebbe portati). E quindi, potrebbero avere influenza non tanto per quel che dicono, ma per il rapporto che li lega.

Alla fine, come vedi, sempre di emozioni si tratta. Ecco perché non li devi mai lasciare soli a parlare, perché lo devi rassicurare e riportare allo stato emozionale della prima volta che ha visto casa, rafforzandolo con particolari e dettagli.

L'emozione cui lo induci deve essere più intensa rispetto a quella del sentimento che lo lega all'amico/parente che lo consiglia in maniera a te contraria. Ovviamente non ti sto dicendo di fargli andar bene un qualcosa che non farebbe al caso del cliente.

Mi è capitato di sconsigliare io stesso l'acquisto a persone che a seguito di verifica delle effettive esigenze, emergeva che avevano bisogno di altro. Così come può capitare che l'influenza di un amico/conoscente abbia la meglio sulle sue intenzioni, perché magari riporta il cliente da uno stato puramente emotivo a uno anche razionale, dove emerge oggettivamente che, per quanto bella possa essere casa, non si adatta al meglio alle sue esigenze.

Può capitare pure che il cliente desista nell'acquisto seguendo le considerazioni errate o non oggettive di un suo amico, senza che tu possa farci nulla. Fa tutto parte del gioco. Ma di regola, se lavori come ti ho detto, riduci al minimo queste casistiche negative.

Il rischio nella vita non si può eliminare (vale per qualsiasi cosa): si può soltanto ridurre al minimo e gestire. Lo stesso vale nel settore immobiliare.

Se hai lavorato come si deve, già in questa fase il cliente ti comincia a manifestare il suo interesse. Spesso comincia a porre domande che preludono a una seria intenzione di elaborare una proposta: a quanto ammonta la tua provvigione, a quanto ammontano le spese condominiali, e che trattabilità c'è sul prezzo.

Quando cominciano ad arrivare queste domande, significa che il cliente è quasi maturo per procedere. Dopodiché, solitamente (ma non sempre) c'è una terza visita all'immobile: quella in cui aspirante acquirente porta il suo tecnico di fiducia, architetto o geometra, per valutare la possibilità di una diversa distribuzione degli ambienti, e l'incidenza dei costi della ristrutturazione.

Tutto questo perché quando acquista deve anche tener conto di quanto gli costa rendere la casa adatta ai suoi desiderata/esigenze. Quindi devi avere con te a disposizione una piantina catastale e la visura aggiornata.

Negli annunci, devi essere corretto e preciso fin da subito, perché se non lo sei ed escono fuori difformità evidente in merito ad aspetti tecnici, rischi di vanificare il lavoro fin qui fatto.

Più si è precisi con foto e descrizione immobile, più la terza visita diventa una mera formalità. Altra cosa: devi avere un'idea dei costi medi delle ristrutturazioni, perché, a meno che non si tratti di una casa ristrutturata, negli altri casi, ossia di immobili dove c'è da rimetterci le mani sopra, il cliente tenderà sempre a puntare al ribasso del prezzo giustificandolo con i costi di ristrutturazione necessari che è in grado di quantificare (dato che glieli ha detti il tecnico).

Ora, gli interventi da fare solitamente riguardano due ambiti: quello che serve/piace al cliente che non riguarda certamente il proprietario (ma ci proverà sempre a dire che comunque sono costi che lui deve sostenere); quelli che oggettivamente sono da fare perché nel tempo il proprietario non ha fatto quasi nulla di manutenzione, oppure ha fatto ma sono passati più di 10 anni.

In questo secondo caso si risponderà adeguatamente: che nella formulazione del prezzo si è tenuto conto dell'incidenza della ristrutturazione, come da estimo, e che, non a caso, se l'immobile fosse stato ristrutturato, il prezzo sarebbe stato diverso.

Ma della gestione delle obiezioni vedremo più avanti. Alla conclusione della terza visita, i casi sono due: o il cliente stesso ti chiede un appuntamento per elaborare assieme la proposta, o devi indurlo tu all'azione.

Nel primo caso è semplice: fissi l'appuntamento, discuti sul prezzo, elabori la proposta, concordate le condizioni e, sottoscritta l'offerta irrevocabile, ti riservi di sottoporla alla proprietà, e di comunicargli l'esito non appena sei in condizioni. Fin qui, da manuale.

Se dopo la terza visita il cliente non si decide, devi intervenire. Non lasciare mai al cliente la gestione della trattativa, dove per trattativa intendo non la mera discussione sul prezzo, ma l'intero procedimento che porta alla sottoscrizione dell'offerta.

Anche perché non hai tempo da perdere, dato che certamente hai altri clienti per quella casa, e altre case da gestire. Cosa impedisce al cliente, dopo che ha acquisito *de facto* tutto ciò che gli serve in termini di informazioni o consigli, a procedere all'offerta?

Non è un problema di interesse, altrimenti non sarebbe venuto tre volte con mamma, zio, moglie, amici, cane, amante, architetto e via dicendo. In caso di semplice esitazione, devi procedere nel seguente modo: al termine della terza visita, fai con lui il riassunto (punto della situazione) di come sono andate le cose.

Gli domandi, ora che ha tutte le necessarie informazioni per una valutazione corretta e consapevole, quando potete fissare una data per formulare l'offerta. Bada bene, ho detto "quando". Non "se". C'è differenza. Perché il "quando" elimina il "se". Avendo lavorato come si deve nelle precedenti fasi, non ci saranno problemi a ottenere l'appuntamento.

Può succedere invece che il cliente abbia ancora qualche incertezza o perplessità in merito all'immobile. Questa fase è delicatissima. Ci si può giocare tutto. Se ti dovesse chiedere un po' di tempo per pensarci, devi assolutamente portarlo a spiegare cosa non lo convince, quali timori ha, e quali sono i suoi dubbi.

Non devi mai lasciarlo solo nelle sue riflessioni, perché non è del mestiere, è in emotività, e magari sopravvaluta certe cose, o ne sottovaluta altre, o non valuta comunque correttamente gli aspetti che non lo convincono.

In maniera mai pressante, ma anzi accudente, lo devi invitare a vedere e valutare assieme a te tutto ciò che non lo convince. Ad aprirsi con te. Perché essendo tu non coinvolto emotivamente su quell'appartamento (non lo stai comprando tu) e più esperto di lui sicuramente, potrai essere un valido aiuto.

Sottolinea il fatto che, in termini economici, a te non cambia nulla se l'immobile lo acquista lui o qualcun altro; e che proprio per questo gli stai dando consigli spassionati, oggettivi, oltre al fatto che sei convinto che quella casa sia proprio su misura per lui e che ce lo vedi benissimo dentro.

Le persone, sulle cose importanti, hanno sempre bisogno di essere rassicurate, e quello che in gergo si chiama "invito all'azione" serve proprio per far superare al cliente il picco emotivo che lo frena per puro timore e null'altro di concreto, e portarlo così dove deve andare.

Noi dobbiamo metaforicamente "prendere il cliente per mano" dall'inizio alla fine del percorso che lo porta all'acquisto (e anche dopo). Perché gli ostacoli sono molti: da precedenti esperienze negative, a confusione emozionale e mentale dopo che ha visto molte case, a delusione dopo aver visto annunci interessanti seguiti da visite deludenti ecc.

Vedrai che se lo rassicuri, viene a fare l'offerta perché avete diviso e condiviso il percorso anche emozionale che gli ha dato serenità e rafforzato la sua convinzione. Quindi il cliente non va mai lasciato solo: dalla prima telefonata per acquisire informazioni al rogito.

Può anche capitare che non si fermi alla terza visita prima di convincersi, ma abbia bisogno di effettuarne altre: magari per vedere l'immobile in orari diversi per valutarne la luminosità, o magari perché le persone fondamentali a cui vuol farlo vedere (tecnici e parenti) hanno disponibilità di tempo differenti.

Ovviamente, se lo fa è sicuramente interessato, ma al tempo stesso devi evitare che faccia un numero di visite esagerato per poi magari rinunciare a fare l'offerta.

Dopo la terza visita, con estrema educazione e gentilezza lo devi invitare a "concentrare e raggruppare" eventuali persone in un'unica altra visita perché: se l'immobile è abitato, date anche le altre visite, si mette a disagio la proprietà che ha i suoi ritmi e le sue esigenze.

Inoltre, per forzarlo un po' gli suggerisci di decidere in tempi brevi perché altre persone hanno gia fatto una terza visita, e che con ogni probabilità sta per arrivare l'offerta, dopodiché sei costretto a sospendere le trattative.

È vero che se uno deve valutare un acquisto importante deve poter avere tutti gli elementi per decidere, ma è anche vero che le disponibilità diverse dei vari amici/parenti/tecnici, non riguardano la proprietà. Né te. Fai capire che se tutti facessero così, sarebbe oggettivamente molto difficoltoso sia per te sia per la proprietà gestire tutte le richieste e le visite.

Se invece la casa non è occupata, sempre con le dovute maniere (non si deve mai creare un clima di tensione o poco gradevole), fai capire che hai già effettuato e programmato molte visite in quell'immobile, e in altri immobili che hai in portafoglio, per cui invitalo a raggruppare tutti in un'unica ultima visita, perché il tuo tempo è prezioso quanto il suo.

Questo intendo quando affermo che devi essere disponibile ma mai a disposizione. Tranne casi eccezionali. Ma l'eccezione conferma la regola. Finite le visite, a seconda della casistica, fra le varie esposte in cui si rientra, si procede alla redazione e sottoscrizione dell'offerta irrevocabile all'acquisto.

Il momento topico in cui tutto si concretizza. Dopo l'ultima visita, va fissato al più presto l'appuntamento per la proposta. Ricorda sempre che il tempo è nemico delle trattative, per tante ragioni: possono riemergere dubbi sopiti, nascerne di nuovi, magari l'amico di turno lo fa ripensare, o peggio, vede un'altra casa che gli piace e quindi non è più sicuro della tua, o ha cambiato idea.

L'appuntamento per la sottoscrizione della proposta va fissato o subito dopo l'ultima e definitiva visita, o al massimo non più di due giorni dopo.

Il luogo: o a casa del cliente (dove magari si sente emotivamente più protetto) o presso il tuo ufficio. Il ferro va battuto finché è caldo. L'incontro non deve mai avvenire in posti pubblici, tipo bar, o locali. Mai, per nessuna ragione.

La prassi è che il cliente venga in ufficio a fare la proposta. Quando arriva, importante è "ri"creare il clima di cordialità e sintonia che avevi instaurato con lui nelle prime visite. Lui sarà carico emotivamente dato che si sta accingendo a fare l'offerta per spendere centinaia di migliaia di euro.

Il che significa che, prima di cominciare, devi sciogliere il ghiaccio, chiacchierando amabilmente di qualsiasi cosa, ma per non più di qualche minuto. È importante "riallacciare" la sintonia.

Dopodiché, sarai tu a introdurre l'argomento, ricapitolando tutto quello che, assieme, avete fatto dal primo incontro. Chiedi cosa lo ha convinto a fare l'offerta e se ha ancora qualche dubbio.

Rassicuralo sul fatto che stia facendo un'ottima scelta, e che sei convinto che sia la casa che faccia per lui. Mostra i documenti della casa, e insieme compilate il tuo modulo dell'offerta. Spiega bene tutto, tranquillizzalo sempre, fallo sentire partecipe e renditi complice in questa sua decisione.

La condivisione lo fa sentire accudito e lo rasserena perché lo protegge. Ricorda sempre che l'acquisto di casa è l'acquisto della vita. Non perché duri tutta la vita, ma perché è il più importante della vita.

Quando si arriva al prezzo e alle modalità di pagamento, lì, solitamente, inizia la trattativa. Su quale assioma si basa la trattativa? Semplice: il cliente cercherà di buttare giù il prezzo il più possibile; il venditore cercherà di tenerlo il più alto possibile, rispetto a quanto scritto in annuncio.

Ora tu, come professionista, dato che conosci i punti deboli dell'immobile, sai già quali tasti andrà a toccare il cliente per spuntare un prezzo migliore, il che ti dà la possibilità di prepararti in anticipo le migliori risposte per mitigare o ridurre al minimo l'impatto economico delle sue intenzioni.

Se alcuni punti deboli oggettivamente possono pesare sulla commerciabilità del bene (già avresti dovuto tenerne conto in sede di valutazione e quindi quella negatività dovresti averla scontata dalla determinazione del valore) ovviamente non puoi non tenerne conto (altra cosa è poi farla capire/digerire al proprietario, che tende sempre a minimizzare i difetti della casa, anche quando sono oggettivamente influenti).

Devi comunque "smorzare" l'enfasi sul punto del cliente, compensando magari quella negatività con una positività altrettanto oggettiva ed evidente.

Non negare mai l'evidenza, passeresti per un professionista poco serio. Ma minimizza sempre l'impatto negativo di qualche elemento a sfavore, con vari argomenti e punti positivi che appunto ne mitighino e compensino il peso.

Una valutazione di un immobile si basa sul complesso di positività e negatività: mai su una sola di esse. E spiega sempre che non esiste una casa che non abbia difetti. Quindi la valutazione deve essere complessiva.

Spiega inoltre che il valore che esce fuori dal tuo studio, ossia la relazione di stima che ti ha portato a dare un numero a quel valore, avviene sulla base di un procedimento ben preciso che fa riferimento a una scienza che si chiama Estimo, la quale, appunto, si occupa di dare un valore economico ai beni.

Quel numero che tu hai scritto sull'annuncio non deriva da una semplice idea o da un qualcosa di epidermico, ma da tutta una serie di procedimenti scientifici che contemplino tutti i singoli elementi, positivi e negativi dell'immobile, e che li combinino dando un giusto peso a ognuno.

Vi sono fattori positivi e negativi che sono quantificabili economicamente (aggiunte e detrazioni) come ad esempio una ristrutturazione o un bagno cieco; così come vi sono fattori positivi e negativi non quantificabili economicamente (comodi e scomodi) come ad esempio la rumorosità di una vita, o l'esposizione a nord.

Spiega bene al cliente che la determinazione del valore di un immobile deriva da tutto questo studio, e che quindi le negatività che lui ha rilevato sono state già considerate, computate (o scomputate) e compensate adeguatamente.

Illustragli quanto sia complessa una valutazione, che non si fa moltiplicando semplicemente il valore unitario di un metro quadrato rilevato presso l'agenzia delle entrate, per il numero dei metri quadrati complessivi.

Per questa ragione, si troveranno annunci di case con metri quadrati identici ma prezzi molto differenti, o di prezzi identici ma di caratteristiche e metri quadrati completamente diversi.

Nell'ambito di questa discussione, comunque proforma, uno sconto glielo devi fare. Si sa che in Italia c'è la cultura dello sconto, della trattativa, e lui deve avere l'impressione, anche se è finta, di averlo comunque ottenuto; malgrado si tratti di un'illusione, perché abbiamo maggiorato appositamente il prezzo dell'annuncio.

Alla fine, quindi, trovato l'accordo su tutto, si procede alla sottoscrizione dell'offerta, e prometti che al più presto la sottoporrai al vaglio della proprietà.

Prepara una cartellina che contenga le copie di tutto ciò che il cliente ti ha firmato, consegnagliela e digli che avrà al più presto notizie in merito, e che farai di tutto affinché siano positive.

Congratulati ancora e salutalo con assoluta cordialità. Senza garantirgli nulla, gli hai promesso che farai del tuo meglio per far accettare l'offerta, per cui lo lasci sempre e comunque con l'impressione che stai lavorando per lui.

In parte è così, anche se l'incarico di vendita ti proviene dal venditore. Ma la verità è che tu lavori per entrambi: acquirente e venditore.

RIEPILOGO DEL CAPITOLO 5

- SEGRETO n. 1: rafforza sempre il suo gradimento emotivo nelle ulteriori visite all'immobile; proiettalo sempre di più dentro te.

- SEGRETO n. 2: non lasciar mai solo il cliente con le persone che si porta dietro nelle visite successive: potrebbero influenzarlo negativamente e vanificare il tuo lavoro.

- SEGRETO n. 3: accogli sempre le critiche alle negatività dell'immobile, compensandole però con la positività.

- SEGRETO n. 4: invito all'azione. Dopo la terza visita lo devi portare a fare l'offerta: rassicuralo sempre e non lasciarlo mai solo, neanche con sé stesso, nel processo decisionale.

- SEGRETO n. 5: il tempo è assoluto nemico delle trattative: batti sempre il ferro finché è caldo.

Capitolo 6:
Come trasformare le obiezioni in opportunità

In ogni fase dell'attività, ci si trova a doversi confrontare con le molteplici obiezioni che il cliente fa. Alcune sono razionali, e pertanto vanno gestite in maniera adeguata dal punto di vista tecnico, logico, giuridico, o strutturale.

Altre invece sono di natura irrazionale, e queste vanno gestite sul piano emozionale. Queste ultime possono essere di vario genere, e riflettono il carattere delle persone: c'è chi è pedante, precisino, presuntoso, che pone spesso l'accento su questioni oggettivamente marginali o di scarsa importanza, ma che invece lui ritiene rilevanti.

O semplicemente chi ha bisogno solo di essere rassicurato, compreso, aiutato nel processo decisionale, o "preso per mano" nella conduzione del tutto. C'è poi chi pensa di sapere più degli altri, di essere più furbo, insomma troverai di tutto di più.

Scoprirai quanto è variopinto il genere umano e di quanto più di qualche volta sia vero il detto che il "mondo è bello perché è avariato".

Ovviamente, a obiezioni emotive non puoi contrapporti con risposte logiche, per il semplice fatto che non verranno mai recepite. L'obiezione emotiva non risponde alle regole della logica, e quindi non è sul terreno della logica che la spunterai. Devi andare sul terreno della tua controparte.

Ma in maniera diversa: come dice il proverbio "Va' dove ti porta il cuore, ma arrivaci col cervello!". In sintesi, non ti posso dare del cretino se dici cretinate, per ovvie ragioni: ma devo fare in modo che sia tu che ti renda conto di dire delle sciocchezze.

Ecco a cosa servono le tecniche di comunicazione unitamente all'esperienza. Se ad esempio, parlando di prezzo, l'interlocutore con aria sicura e sbigottita ti dice "ma è troppo!", riesce, allo stesso tempo, sia a dire una sciocchezza sia a offenderti con quell'unica frase.

In primis perché non ti spiega come mai secondo lui è troppo; *in secundis* perché, anche se involontariamente, ti sta dando dell'incompetente, dato che sei tu ad aver stimato il bene.

Quindi non ti rimane che picchiarlo o mandarlo a quel paese? Ovviamente no, per entrambe le soluzioni. E cosa si fa allora? Si tratta con la tolleranza e benevolenza che si riserva agli sciocchi.

"Signor Rossi, lei sa qual è il procedimento che in estimo porta a prezzare il valore di un bene? Lei conosce la differenza fra prezzo e valore? Lei dice che il prezzo è elevato. Mi spiega bene in base a cosa, o a quali parametri di riferimento, lo ritiene elevato?".

Vedrai che, già in difficoltà, tirerà fuori risposte astruse del tipo "per la zona mi sembra alto (tu risponderai che non è vero dato che hai fatto "l'analisi dei beni analoghi dai prezzi noti" come prevede l'estimo, e chiedigli se sa cosa sia.

Dimostragli che sei assolutamente nella fascia di prezzo di mercato per immobili simili in quella zona, e che quindi non comprendi su cosa basi il suo "è troppo").

Oppure ti dirà "che in zona suoi amici/conoscenti hanno venduto a prezzi inferiori (in quel caso chiedigli se ha visto i rogiti, e che, se è come dice lui, se verificabile da copia del rogito che saprà ottenere, gli farai lo stesso prezzo; ma se è come dici tu, sottoscriverà l'offerta a prezzo pieno).

O che pensava (senza una qualche motivazione specifica) che la casa valesse di meno (chiedigli in base a quali parametri specifici riteneva che valesse di meno o di più) o ancora, se lo vuoi umiliare con signorilità (alle volte per togliermi la soddisfazione, lo faccio) puoi sempre dire, sorridendo: "Caro signor Rossi, che lavoro faccio io secondo lei?

Una domanda: il valore di un immobile lo stabilisco epidermicamente, o secondo un procedimento scientifico previsto dalla scienza che si chiama Estimo; la quale si occupa appunto di dare un valore economico a un bene?

Secondo lei, nella determinazione del valore, non faccio sia l'analisi del bene che contempli e contemperi positività e negatività; sia il confronto con i beni simili in zona?

Lei, per dirmi che il valore è troppo alto, ha fatto tutto questo studio? Conosce, ad esempio, quanti immobili in vendita ci sono nel raggio di 500 metri, con le caratteristiche simili al nostro?".

Aspetta pure la risposta che però non arriva, perché non lo sa! Allora rispondi tu, perché l'analisi, a differenza sua, l'hai fatta! "Sono 18 immobili, signor Rossi. Secondo lei sono pochi o sono tanti? Io mi sono visionato tutti gli annunci di quei 18 immobili, e ho visto qual è migliore, e quale non lo è. Lei ha visto tutti quegli immobili?". A questo punto, lo hai umiliato abbastanza, per cui è il momento di ritornare "simpatico e cordiale".

"Vede, signor Rossi, io faccio uno studio completo, per poter arrivare a dare un valore a un bene. Capisce, quindi, come sia complesso tirare fuori quel valore, e quanti fattori influenzino quel numero? Per questo, le garantisco che il valore reale è quello. Poi, il prezzo è altra cosa: rappresenta quanto denaro il mercato è disposto a dare per quel valore (bene); e il prezzo, entro certi limiti, è sempre oggetto di trattativa. Ha capito ora? Ne conviene?".

A questo punto vedrai che ti dirà di sì a tutto. Non potendo dargli del cretino, lo hai portato a darsi del cretino da solo. Questa è l'arte della comunicazione. Comunicare è vendere. Vendere è comunicare. Oltre ad essere preparato, devi diventare un ottimo comunicatore. Un ottimo venditore: di te stesso, non di case.

Se lo diventi, puoi vendere qualsiasi cosa. Una volta un cliente mi fece un complimento che ricordo ancora: a chiusura di una vendita, mi disse sorridendo "Sa, dottore, l'ammiro perché lei sarebbe in grado di vendere ghiacchioli agli eschimesi".

Ci ho riso per tre minuti, ma l'ho preso come un complimento. Come avrai capito, per gestire le obiezioni irrazionali devi aver "compreso" la persona.

Non potendogli contrapporre argomentazioni logiche alla sua irrazionalità, devi far leva sulle sue debolezze, sui suoi limiti, sulle sue superficialità. Non puoi mai dare del cretino a qualcuno, ma puoi portarlo a farselo dare da solo.

A questo, con persone simili, serve una comunicazione efficiente ed efficace. Fai domande, tante domande, fino a che non avrà più risposta logica. E quando ciò accade, rimani in silenzio e guardalo negli occhi. Li capirà.

Poi ci sono quelli che ti domandano "Da quando l'immobile è in vendita?". Tu a quel punto sorridi e rispondi onestamente: "Potrei dirle una sciocchezza e lei non avrebbe modo di verificare, ma siccome sono una persona seria non lo farò.

Le dico però che non rileva da quanto tempo l'immobile è in vendita. Se lo è da oltre 3-4 mesi, vuol dire che l'agente, cioè io, non è stato in grado di effettuare una corretta valutazione. Siccome in trent'anni di attività non ho mai sbagliato valutazione, altrimenti non sarei un professionista, le assicuro che è in vendita da poco e siamo ancora ampiamente nei tempi canonici".

Oppure ci sono quelli che, gia dalla prima telefonata, o dalla prima visita, in fasi quindi ancora prodromiche rispetto a una reale intenzione di fare offerta, domandano: "Quanto è trattabile il prezzo?".

In questi casi, do le risposte che non significano niente, ossia "Caro signor Rossi, prima cerchi di capire se la casa le interessa, nel caso, poi, discutiamo di questo. Sicuramente la proprietà è ragionevole, per cui, se c'è reale intenzione, un punto in comune certamente si troverà".

Questa è l'arte di rispondere (per educazione) senza dire niente! Oppure quelli che ti indicano come necessari, affinché loro decidano di acquistare, certificati di impianti a norma o agibilità; laddove la legge non pone nessuno dei due come obbligatori per la compravendita, a patto che tu ne renda edotto il cliente.

Lì va sempre spiegato che, nel primo caso, la legge ha abolito l'obbligo di certificazione degli impianti a condizione che il cliente ne sia edotto; nel secondo caso, l'agibilità è obbligatoria solo per gli immobili costruiti dal 2003 in poi, e che per gli anni precedenti non è obbligatoria averla, sempre a patto che venga dichiarato e accettato.

La Cassazione a tal proposito stabilisce che se non si rende edotto il cliente circa la mancanza dell'agibilità, questi ha diritto o alla riduzione del prezzo o alla risoluzione del contratto! In ogni caso, se la legge afferma che non sono obbligatori né certificato di impianti, né agibilità (per immobili antecedenti al 2003), nessuno può imporlo al venditore.

A meno che, qualcosa di diverso, sia frutto di specifici accordi condivisi e sottoscritti da entrambi. La legge ammette qualsiasi tipo di accordo e lascia la massima libertà alle parti, purché gli accordi non siano *contra legem*.

Gli altri tipi di obiezione sono quelli che, generalmente, tendono a smontare il valore di una casa, perché, come detto, compito dell'acquirente è buttare giù il prezzo il più possibile.

Lì, il bravo agente, che conosce bene la casa che tratta e la zona in cui è inserita, deve sempre smontare con signorilità ed educazione le obiezioni pretestuose o palesemente infondate, e contrapporre le positività che rendono l'immobile commercialmente valido.

Ad esempio, quelli che sottolineano come "l'esposizione a nord sia la meno pregiata perché la più fredda" (hanno ragione peraltro) evidenziano come, però d'estate, soprattutto col caldo degli ultimi anni che comincia da giugno fino a novembre, la casa sia più fresca ad esempio, rispetto agli immobili che hanno differenti esposizioni.

Idem per i "piani bassi" che sono meno luminosi: reggono meglio le escursioni termiche, costano meno dei piani alti, sono più freschi d'estate, e oggi con le illuminazioni a led puoi illuminare casa quanto vuoi a bassissimi costi.

Insomma, se sei un esperto conoscitore dell'animo umano, ossia un bravo e intelligente comunicatore, le obiezioni di natura irrazionale hai capito come affrontarle e risolverle: capendo al volo ciò che muove l'interlocutore, quali sono le sue dinamiche mentali, e quindi rispondere di conseguenza.

Devi essere veloce a capirlo. Ma con l'esperienza ci riuscirai, anche perché le dinamiche mentali ed emotive di queste persone sono sempre le stesse.

Riguardo le obiezioni razionali, lecite e legittime anche quando non siano condivisibili, il discorso è più semplice: si contrappongono argomenti logici a obiezioni concrete e sicuramente, se di base la casa piace, la quadra per un accordo si trova.

L'importante è che, sia nel caso delle obiezioni razionali sia di quelle irrazionali, tu non ti mostri mai seccato o infastidito, ma sempre pronto ad accoglierle e ad affrontarle. Quelle razionali con la logica o competenza, quelle irrazionali sempre e comunque con educazione e pazienza, senza mai perdere signorilità.

RIEPILOGO DEL CAPITOLO 6

- SEGRETO n. 1: le obiezioni sono parte integrante del processo di vendita.

- SEGRETO n. 2: distingui sempre le obiezioni razionali da quelle irrazionali.

- SEGRETO n. 3: accetta e gestisci le obiezioni sempre con signorilità e massima disponibilità a valutarle assieme.

- SEGRETO n. 4: le persone le devi "sentire", non limitarti solo ad ascoltarle.

- SEGRETO n. 5: impara l'arte della comunicazione: comunicare è vendere, vendere è comunicare.

- SEGRETO n. 6: il cliente lo convinci con le tue ragioni, ma lo persuadi solo con le sue.

Capitolo 7:
Come arrivare al contratto preliminare

Raccolta la proposta di acquisto, completa in tutti i suoi elementi, con regolare assegno a corredo della stessa (una proposta senza acquisto non è una proposta) occorre renderla nota alla proprietà, la quale valuterà se accettarla, rifiutarla, o fare una controproposta.

Anche questa fase è molto delicata e serve psicologia proprio come nei confronti del proponente, in sede di trattativa. Questo perché quasi sempre l'offerta non è mai coincidente col prezzo proposto in pubblicità, e generalmente sotto le aspettative del venditore. Alle volte di poco, alle volte di molto.

Per cui, anche la visita con la proprietà per farle valutare la proposta di acquisto va sempre studiata e preparata prima a tavolino. Perché anche nel caso del proprietario, la vendita è emozione. Tu dirai: ma i soldi sono un'emozione? I soldi sono solo uno strumento: a sua volta il venditore, se ha venduto, è perché con quei soldi ha degli obiettivi precisi.

Quindi lui vede in quei soldi il raggiungimento dei suoi obiettivi che già ha in mente, proprio come l'acquirente quando entra nella casa da acquistare, o la soluzione alle sue esigenze, ai suoi bisogni.

Ricapitolando: avuta una proposta, si comunica al cliente che ti ha dato l'incarico di vendita che lo devi incontrare. Lui ti chiederà se hai novità per lui. Tu risponderai certamente sì. Capirà che hai un'offerta e se non lo capisce diglielo tu.

Ti chiederà con ogni probabilità di quanto. Tu non devi mai parlare di cifre al telefono, e senza averlo di fronte. Sarebbe uno dei più grossi errori, perché se d'impatto non gli sta bene, la boccia e hai chiuso l'operazione. Hai sprecato tempo e reso vano il tuo lavoro.

Se l'offerta è più bassa del previsto (come quasi sempre), lo devi assolutamente incontrare e preparare, prima di dirgli la cifra. Se insiste per sapere a quanto ammonta l'offerta, gli devi dire esplicitamente che non parli di soldi al telefono, e che ti deve incontrare al più presto per parlarne assieme. Vedrai che se rispondi in maniera ferma con ciò che ti ho detto, non insisterà e ti fisserà un appuntamento al più presto.

Quindi ora ti devi preparare la visita e pianificare le ragioni per fargli accettare l'offerta. Come si prepara la visita? Si parte dall'inizio, ossia da quando vi siete incontrati, e riassumi punto per punto l'attività svolta.

Gli evidenzi l'andamento del tutto, sottolineando cosa è andato bene e cosa è andato meno bene. Cosa è piaciuto alla maggioranza delle persone che sono transitate in casa, e cosa non è piaciuto. Le statistiche sono sempre fatte di numeri: se più persone soffrono un dato punto debole della casa, significa che oggettivamente quel punto debole ha un suo peso.

Quindi, riassumi la quantità di prime visite effettuate, di seconde visite, e di terze visite. Ragiona sui tempi che sono stati necessari per arrivare a un'offerta, e poni in relazione i tre fattori: tempo, numero di visitatori complessivi e di offerte ricevute.

Dall'analisi dei numeri esce fuori un quadro chiaro, che esprime la validità o meno dell'offerta, in relazione alla situazione complessiva, non solo al mero valore dell'immobile.

Evidenzia come l'eventualità di perdere quest'offerta, magari per ottenere diecimila euro in più, comporti un rischio ben superiore, dato che per mesi potrebbero non esserci più offerte adeguate (più alte ci sarebbero già state nei primi mesi, se fosse stato possibile) o addirittura inferiori.

Senza contare che le valutazioni Omi (Osservatorio del mercato immobiliare presso l'Agenzia delle Entrate, unico ente a conoscere i reali prezzi di compravendita perché è lì che si registrano i contratti) sono semestrali e potrebbero riportare valori più bassi rispetto ai precedenti, su cui si è fondata inizialmente la relazione di stima.

Insomma, per poche migliaia di euro, conviene sicuramente non rifiutare l'offerta, maaccettarla. Senza contare che la proprietà risolverebbe subito i problemi o le esigenze che l'hanno portata a decidere di vendere: se per acquistare altro immobile, con tutti i liquidi in mano, potrà a sua volta tirare sul prezzo.

Se per altri impieghi, potrà realizzare immediatamente ciò che aveva in mente.

Tutte queste cose gliele devi far toccare con mano. Prima quindi lo prepari, ripercorrendo con lui nel dettaglio l'attività fin qui svolta per lui, poi evidenzi cosa non è piaciuto, o le criticità della vendita, infine gli fai toccare con mano sia i vantaggi che avrebbe se accettasse (economici nella misura in cui può a sua volta acquistare contrattando per bene coi liquidi in mano) sia le esigenze e i bisogni che all'istante soddisferebbe (se non dovesse riacquistare).

In pratica devi spostargli il focus dal denaro a ciò che risolve con quel denaro. Ecco perché è una vera e propria trattativa, che va impostata e gestita di persona e mai per telefono. Pensi possa farsi al telefono o sia davvero possibile ottenere gli stessi risultati (accettazione) se gli avessi detto cifre per telefono? Sicuramente no.

E anzi, mi avrebbe negato la richiesta di successiva visita, dicendomi che per quella cifra sarebbe inutile incontrarsi dato che già ha detto di no. Quindi avresti chiuso. Ecco perché mai per telefono parlare di cifre.

C'è anche un'altra eventualità: che lui dica no, a quella cifra e/o a quelle condizioni, ma rimane comunque aperto a un'eventuale controproposta. E lì devi essere tu a condurre, nuovamente, la trattativa: perché conosci il proprietario, e conosci a questo punto anche l'acquirente, quindi conosci di entrambi i limiti e fino a che punto son disposti l'uno ad accettare, l'altro a rilanciare.

In pratica si inizia una nuova trattativa. Ma stavolta devi persuadere l'aspirante acquirente ad alzare l'offerta o a migliorarne, a parità di offerta, le condizioni.

Io suggerisco sempre, quando si fa redigere la prima offerta (sapendo che può esserci questa eventualità di doverla successivamente migliorare) di non darne mai per certa l'accettazione, e anzi di prepararsi a un'eventuale richiesta di miglioramento della stessa, o in termini di entità, o di modalità di pagamento, o di entrambe.

Siccome l'acquirente offre sempre meno di quanto richiesto, sa che il proprietario può non accettare, ma a seconda di quanto gli interessi la casa, è disposto eventualmente a rilanciare o a migliorare le condizioni di offerta.

Questo lo devi vedere, capire, o chiedere giù in sede di prima offerta. Per sapere se e quanto margine hai per muoverti; quando viene l'acquirente e gli dai la notizia che deve o rilanciare o migliorare le condizioni di offerta, devi saperlo fare.

Devi motivargli adeguatamente la richiesta del proprietario, e fargli capire che non è questione di mero ammontare di denaro, ma di questioni concrete e logiche (che variano da caso in caso e le dovrai qualificare). L'importante è che né il venditore, né l'aspirante acquirente si sentano presi per il collo, o ritengano di subire diktat.

Sii sempre tu a gestire questo genere di comunicazioni, motivale adeguatamente, anche con fantasia se necessario, ma l'importante è mantenere un clima cordiale e far passare come ragionevoli le richieste dell'uno o dell'altro.

Che son cose che rientrano in una normale trattativa, che possono essere accettate o meno, ma che non siano mai "invasive" o in qualche modo "offensive" perché ciò creerebbe un irrigidimento fino a chiusura totale della trattativa, con esito quindi infausto.

Quindi, sia la fase dell'offerta, sia quella della presentazione dell'offerta, sia quella dell'eventuale controproposta, sono molto delicate e vanno trattate a dovere, perché, se sorgono problemi, rischi di perdere la vendita. Anche qui si tratta di emozioni.

Tu dirai: ma come ogni fase che hai descritto dall'inizio del libro dici che è delicata e che in caso di esito negativo salta tutto? Sì, è proprio così! Ogni fase è delicata, sia pur ciascuna per diversi aspetti dalle altre.

Ma ognuna è il presupposto per la successiva. La catena degli esiti positivi delle varie fasi, dall'acquisizione alla vendita, determina il successo dell'operazione. Se in una fase c'è un problema, si blocca tutto.

Non puoi proseguire fino a che non risolvi quel problema, e quindi non superi quella fase. È tutto collegato. E non ci sono altri modi per arrivare alla conclusione dell'operazione, cui si arriva solo al termine di un procedimento quasi scientifico in cui le azioni sono prodromiche fra loro e si devono succedere con un preciso ordine, e anche con dei tempi stabiliti.

La trattativa può saltare in qualsiasi momento, per colpa tua o non tua. Ma l'esperienza e la tua capacità non solo di risolvere i problemi, ma soprattutto nel gestire le persone, sapranno portarti a tana.

Quando chiudi un'operazione, al di là della provvigione, ti assicuro che avrai grande soddisfazione nell'aver saputo condurre al meglio le fasi di tutto il procedimento di vendita, e gestito le problematiche oggettive ed eventualmente personali di acquirente e venditore.

Alle volte è tutto semplice, altre è molto complicato. Ma si cresce attraverso quelle complicate, fidati! Sottoscritta, accettata, riformulata e riaccettata sta benedetta proposta, il negozio giuridico si conclude con la presa visione dell'accettazione da parte del proponente.

Ora, si procede con gli adempimenti di rito: consegni una copia della documentazione della casa all'acquirente, il quale la darà al suo notaio e alla banca se prende un mutuo (devi consegnare: atto di provenienza immobile con nota di trascrizione, visura catastale aggiornata, piantina catastale e quant'altro richieda il notaio).

Se nel frattempo sono state previste condizioni sospensive nella proposta, ti devi adoperare per impostare le necessarie azioni per giungere al loro scioglimento (ad esempio: Cila a sanatoria per rendere l'immobile coincidente nello stato di fatto e di diritto; ritiro di eventuali concessioni in sanatoria in caso di abusi, variazioni toponomastiche, esatte rappresentazioni grafiche catastali, accettazioni tacite di eredità mai fatte, e tutto quanto serva per arrivare a rogito con tutto quanto a posto e in ordine).

Si può procedere, sciolta una gran parte delle condizioni sospensive, alla sottoscrizione del contratto preliminare, che vincola definitivamente parte venditrice e parte acquirente.

Molti fanno coincidere, come prevede il decreto Visco-Bersani, la proposta di acquisto con il preliminare. La legge dice che, se la proposta di acquisto contiene tutti gli elementi essenziali del contratto (accordo, causa, oggetto, forma) si configura come un contratto preliminare.

La cassazione stabilisce che si può fare il preliminare di preliminare, ossia tenere distinta l'offerta irrevocabile di acquisto dal preliminare vero e proprio, a condizione che il contenuto dei due atti non sia uguale.

Considera quindi la proposta irrevocabile come un'intenzione all'acquisto in cui viene rilasciato un assegno per fermare l'affare, rimandando poi al vero e proprio preliminare i dettagli dell'accordo.

Io tengo sempre distinti offerta e preliminare per varie ragioni. La prima è che la sottoscrizione del preliminare è il documento più importante di tutti, anche del rogito a mio parere, e anzi, definirei il rogito una scrittura riproduttiva (anche se uso termini impropri ma per rendere l'idea) del preliminare in quanto fissa definitivamente quanto previsto nel preliminare.

Nel preliminare le parti si obbligano a stipulare il definitivo, e se una parte non adempie, ex art. 2932 c.c. provvede il giudice con una sentenza a produrre gli effetti del contratto non concluso.

La seconda ragione è che a fronte di un vincolo così pesante, non si blocca una casa con cinquemila o diecimila euro. Al preliminare solitamente si lascia un secondo acconto pari a una cifra che va dal 20 al 30% dell'importo totale.

La terza è che prima di sottoscrivere il preliminare voglio sempre che alcune condizioni sospensive che ritengo importanti si sciolgano. Altre non sono prioritarie in questa fase, possono anche sciogliersi successivamente o prima del rogito.

Queste sono le ragioni per cui non faccio mai coincidere

preliminare con proposta di acquisto: tranne i casi rari, del tipo: l'acquirente ha tutti i soldi pronti, e la documentazione dell'immobile (urbanistica/catastale e atto provenienza) è gia pronta e completa. In quel caso certamente sì.

Ma sono casi rari. È più frequente che ci sia sempre più di qualcosa da sistemare nel lasso di tempo che precede il preliminare e tra il preliminare e il rogito.

Se fra proposta di acquisto e preliminare passano oltre i 3-4 mesi, suggerisci sempre la trascrizione del preliminare. Costa qualcosa, ma almeno l'acquirente grazie alla trascrizione sui pubblici registri immobiliari ha la certezza che qualsiasi atto, di qualunque genere, intervenga sul bene; essendo invece successivo alla trascrizione del suo preliminare, è inefficace nei suoi confronti.

Qualora invece non fosse opportuna la trascrizione, se hai sufficiente esperienza e conoscenza di diritto, puoi prepararlo tu. Io lo preparo sempre personalmente, e ti assicuro che conferisce la grande autorevolezza che il tuo ruolo merita.

Non tutti sono in grado, ma tu, se vuoi essere migliore, devi diventare migliore. Per cui preparati, ruba sempre con gli occhi da chi ne sa più di te ed è più esperto di te, e sii spugna: acquisisci il più possibile e in tempi brevi.

Occupati tu naturalmente della registrazione del contratto preliminare (anche se poi ovviamente la fai eseguire materialmente dall'agenzia di servizi) per riconsegnarlo a venditore e acquirente, debitamente timbrato e registrato.

Dopodiché, provvedi, per quanto di tua competenza, ad espletare le formalità e gli adempimenti previsti per arrivare al rogito. Diciamo che dal preliminare in poi, la strada è in discesa.

C'è un'altra ragione per cui predispongo io il preliminare: il diritto alla provvigione sorge con la sottoscrizione del contratto preliminare, o, in mancanza di questo, con la sottoscrizione e accettazione della proposta di acquisto.

Tale punto merita un approfondimento. Io personalmente sono molto incisivo fin dall'inizio col cliente: nella fase di elaborazione e acquisizione della proposta, spiego per filo e per segno cosa accadrà.

In queste spiegazioni rientra anche il momento della liquidazione della mia provvigione, che va pagata al momento della sottoscrizione del preliminare, o, in mancanza, all'accettazione della proposta di acquisto.

Perché così prevede la legge. Ora, è chiaro che si possono prendere accordi diversi. Ma tranne in casi eccezionali, io non derogo da questi punti. Nel momento in cui la legge dice che sorge il diritto alla mia provvigione, intendo esser pagato.

Se sei chiaro fin dall'inizio sul punto, problemi non sorgono. Se non sei stato chiaro sul punto, o lo hai omesso, i problemi sorgono perché a quel punto l'acquirente ti rimanda il pagamento al rogito, e tu non puoi dirgli più nulla.

Ma perché non mi faccio pagare al rogito? Semplice: *ex lege*, il nostro lavoro si conclude con la sottoscrizione del contratto preliminare perché con quell'atto, che vincola le parti definitivamente, si intendono per sempre conlcusi l'apporto e l'intervento del mediatore.

Ovviamente seguo il cliente fino al rogito. Ma se la legge dice questo, per quale ragione devo posticipare la riscossione delle mie spettanze al rogito che solitamente è non prima di un mese dalla registrazione del preliminare?

Inoltre, ci sono due fattori di cui tenere conto: in teoria, se il rogito per qualsiasi motivo saltasse per causa a te non imputabile, la provvigione ti sarebbe dovuta lo stesso, ma sfido chiunque a farsi pagare, dopo che è saltato un rogito, con tanto di citazione in tribunale fra acquirente e vendotire, e perdite di caparre.

Inoltre, a rogito avvenuto, rischi di "dover correre dietro al cliente" per farti pagare, o addirittura dovergli fare causa per ottenere quanto dovuto. Invece, essendo io sempre molto chiaro sul quando e sul quanto le mie spettanze vadano onorate, se non pagano, non faccio sottoscrivere alcun contratto preliminare.

In tal caso, per andare avanti, mi devono per forza pagare.

Elimino così quei due rischi sopra menzionati, che non sono cosa da poco.

Conosco più di qualche collega che non ha il fegato di proporre e imporre queste condizioni, previste fra l'altro dalla legge, quindi assolutamente legittime, e che per mesi è costretto a fare solo attività di recupero crediti (anziché cercare clienti), o di dover anticipare soldi per fare le cause.

Già il nostro mestiere è difficile, non rendiamolo ancora più complicato. Ma soprattutto, mentre siamo occupati a tutelare acquirente e venditore e a far sì che tutto vada per il meglio, tuteliamo anche noi stessi, e mettiamoci sempre in condizione di essere pagati quando è giusto: è dovuto e doveroso che ci paghino.

Gli altri nei nostri confronti farebbero e pretenderebbero lo stesso. Quindi, sempre avere il coraggio di pretendere quel che ci spetta, quando ci spetta. Ne va della nostra professionalità e dignità. Altrimenti si subisce il cliente.

RIEPILOGO DEL CAPITOLO 7

- SEGRETO n. 1: mai parlare al telefono con la proprietà di cifre scritte sulla proposta: rischi la chiusura della trattativa senza possibilità di replica, perché non l'hai di fronte.

- SEGRETO n. 2: anche ottenere la firma di accettazione da dalla parte venditrice è una vera e propria trattativa, così come lo è la controproposta. Trattale tutte come tali.

- SEGRETO n. 3: in caso di offerta più bassa, focalizza l'attenzione del cliente non sulla cifra ma sui problemi/bisogni/esigenze, che risolverebbe subito.

- SEGRETO n. 4: gestisci sempre al meglio e di persona ogni fase, ogni momento del procedimento dell'intera vendita. Non lasciar mai nulla al caso. Mai.

- SEGRETO n. 5: fatti pagare sempre al preliminare, o all'accettazione della proposta se non è previsto il preliminare. Sempre.

Capitolo 8:
Come gestire gli imprevisti senza fare errori

Ricapitoliamo: ho illustrato come e perché deve cambiare il modo di esercitare la professione, come fare acquisizione, e come si deve svolgere un corretto processo di vendita, che porti a risultato concreto. Ho mostrato le più comuni obiezioni che il cliente può fare, ho mostrato come si conducono le trattative.

Ricorda sempre una cosa fondamentale: tu non vendi case, ma vendi emozioni. In ogni casa che tratti, c'è sempre la storia di chi vende e il futuro di chi ci entra. La gente sceglie e spende in base alle emozioni che prova, altrimenti una casa vale l'altra.

Le emozioni tu non puoi determinarle. Ma puoi favorirle, mitigarle, amplificarle. Puoi quindi intervenire nelle varie fasi del processo decisionale del cliente, puoi influenzarlo, condurlo dove è meglio per lui. Spesso le persone non hanno chiaro quello che vogliono, finché non glielo fai vedere. Sii sempre accudente, presente in ogni momento del processo di vendita, rassicurante.

Gestisci le obiezioni senza mai negarle o sminuirle, e invita sempre il cliente a guardare oltre i suoi timori, le sue paure: ma cosa c'è oltre?

C'è la sua nuova casa in cui costruire la sua nuova vita, disegnare il suo futuro, e la possibilità di trasformare la sua casa nel suo nido, con consigli, idee, soluzioni; tutte cose, queste, in cui puoi ulteriormente essergli d'aiuto.

Condividi il percorso con il cliente. Non limitarti ad assisterlo. La condivisione implica una partecipazione anche emotiva da parte tua. Se lui sente che, oltre a offrirgli la tua professionalità, condividi con lui anche quel percorso emotivo, ti sarà legato per sempre (e ti manderà sempre i suoi amici/conoscenti che devono vendere).

La vita è fatta di emozioni. Sono le emozioni che determinano il nostro agire. Senza quelle, saremmo dei robot e null'altro. Impara a gestirle, a incanalarle, a frenarle quando serve, a stimolarle quando è opportuno.

Per essere un bravo agente, devi aver imparato a gestire le tue emozioni, devi aver fatto un percorso di crescita personale prima che professionale, che ti consenta di gestire le persone nelle loro emozioni, per condurle dove è meglio per loro.

Ecco perché lo ritengo uno dei mestieri più belli del mondo. Devi diventare un profondo conoscitore dell'animo umano per poter gestire al meglio situazioni e persone. Ma prima devi averlo imparato a fare con e su te stesso. Come puoi gestire persone e situazioni altrui, se prima non hai imparato a farlo con e su te stesso?

Ecco perché la tua persona e figura professionale devono essere sempre in evoluzione. Ogni giorno devi imparare qualcosa di nuovo: ogni giorno devi diventare sempre un po' migliore rispetto a ieri.

All'inizio di questo libro, ti ho detto che la nostra attività professionale non può più limitarsi alla mera vendita unitamente all'acquisizione, ma deve trasformarsi in attività di consulenza, che offra servizi a più ampio spettro.

Per farti un chiaro esempio, ti mostro la mia locandina che utilizzo come copertina alla brochure che consegno ai miei primi incontri coi clienti:

PRO.GE.IMM.1 S.R.L.

Dott. Manuel Frinconi; via A. Avoli 5/c-00135 Roma, cell 347-5775512

Mail: manuel.frinconi@yahoo.it , Sito: www.manuelfrinconi.it

- Mediazione (compravendita e locazioni), permute e valutazioni gratuite
- Relazioni di stima (perizie)
- Divisioni ereditarie, divisioni giudiziali
- Creazioni e gestione patrimoni immobiliari (*ottimizzazione* e *valorizzazione* di portafoglio)
- Assunzione mandati a titolo oneroso
- Consulenze immobiliari per tutte le esigenze: tecniche, fiscali, burocratiche, contrattuali
- Frazionamenti, accatastamenti, sopraelevazioni, aumenti volumetrie, cambi destinazione d'uso
- Assistenza e consulenza per mutui: preparazione e gestione pratiche finanziamenti
- Assistenza legale, tecnica, contrattuale, fiscale, notarile
- Progettazione, ristrutturazione e restauro di qualsiasi tipo di immobile
- gestione acquisto "quote" di immobili, e crediti N.P.L. (non performing loans)
- Aste immobiliari: rappresentanze e consulenze, operazioni a saldo e stralcio
- Corso base ed avanzato sulle tecniche di investimenti immobiliari: tecniche di "leverage"

La Società si avvale di una rete di professionisti nei vari settori sopra indicati, di comprovata esperienza e competenza. L'obiettivo è "**concentrare**" in un'unica struttura, tutte le possibili, diverse attività (**offerta prodotti/servizi**) connesse al settore immobiliare e finanziario. Si pone quindi come punto *unico* di riferimento per la soddisfazione delle molteplici esigenze/obiettivi del cliente. Suddetta concentrazione comporta per il cliente un indubbio risparmio di *tempo e denaro*, unitamente al fatto che, *migliorano sia l'efficienza sia l'efficacia* delle varie operazioni spesso propedeutiche fra loro, proprio perche gestite all'interno della stessa squadra di lavoro.

Come puoi vedere, in un'unica pagina ho elencato tutti i servizi che offro, dove la mediazione (compravendita) è solo una delle 13 prestazioni che sono in grado di offrire.

Questa è la differenza fra la mera vendita e la vera consulenza. Alla fine dei servizi offerti, spiego chiaramente come e perché offro tutti quei servizi, ma soprattutto, perché conviene al cliente che io offra direttamente o indirettamente tutti quei servizi.

In una sola pagina illustro tutto ciò che sono in grado di offrire, come e perché. In quella sintesi di una pagina c'è il fulcro della nostra attività. Ovviamente, gran parte della nostra attività riguarda il primo punto, ossia la compravendita.

Prima ti ho detto che preparo una brochure, al primo incontro, che lascio al cliente perché ripensi e rifletta su quello che ci siamo detti. Ma si tratta di una brochure pubblicitaria? No. Neanche un po'.

Serve per trasferire un minimo di cultura immobiliare, affinché il cliente capisca cosa ci accingiamo a fare e perché. La seconda pagina invece spiega come si perviene a una valutazione

CRITERI DI VALUTAZIONE
stima monoparametrica a comparazione diretta

La Società, per la valutazione dell'immobile, ricorre sia al ***metodo analitico***, che tiene conto delle caratteristiche estrinseche quali: *affacci, contesto urbano, collegamenti, vicinanza a parchi e infrastrutture varie*; e intrinseche, quali: *peculiarità costruttive, ubicazione e tipologia del fabbricato, stato di conservazione, luminosità, rumorosità, esposizione, presenza di accessori e/o pertinenze*; sia al ***metodo comparativo***, che perviene alla valutazione dell'immobile mediante confronto con unità immobiliari aventi simili caratteristiche in zona (la cd. *analisi di beni analoghi dai prezzi noti*). Si tiene anche conto delle rilevazioni (e quindi valutazioni) effettuate dall' O.M.I. (osservatorio mercato immobiliare) ex agenzia del territorio, ora facente parte dell'Agenzia delle entrate, il quale espone dati certi, dal momento che effettua le rilevazioni su prezzi reali riportati nei rogiti. Pertanto, è parametro assolutamente affidabile. I principi e criteri che conducono ad una corretta valutazione di beni economici, son dettati dall' estimo, che è appunto quella *scienza che si occupa di dare un valore economico ai beni, con rigore scientifico.* Per le modalità di *calcolo delle superfici*, le norme utilizzate sono la UNI 10750, e il dpr 138/98. Come è noto, si possono trovare valori completamente differenti su immobili aventi simili/identiche superfici: questo perche, rientrano nei criteri/parametri di valutazione, altri elementi come ad esempio, i coefficienti di merito e/o demerito, divisibili in: ***comodi e scomodi*** (pregi/difetti NON quantificabili economicamente, quali una bella vista per i pregi, o la rumorosità della via, per i difetti), ***aggiunte e detrazioni*** (pregi/difetti quantificabili: ristrutturazione adeguata per i pregi; stato pessimo dell'immobile per i difetti). Son tutti elementi questi che, possono influire profondamente in una valutazione e spostare non di poco una valutazione. Ogni immobile ha delle proprie peculiarita, oltre a quelle in comune con gli altri. Pertanto, la valutazione finale è rimessa al sapiente utilizzo e combinazione da parte del valutatore (agente immobiliare) di tutti questi elementi (aggiunte, detrazioni, comodi, scomodi, analisi di beni analoghi dai prezzi noti, ecc), che concorrono a determinare il piu' probabile valore di mercato di un bene. Come è quindi comprensibile, una corretta valutazione, non si riduce ad una mera moltiplicazione di un valore unitario (prezzo al mq) per il numero dei mq. *Altra cosa, è il PREZZO. Il valore rappresenta la "preziosità" di un bene, mentre il prezzo, è dato dalla quantità di denaro, che il mercato in quel preciso momento, è disposto a pagare, per quel valore, ossia per quel bene.* Prezzo e valore possono non coincidere: ad esempio, se nella mia zona, l'offerta di beni come il mio è molto limitata, prezzo e valore coincidono; se invece l'offerta è molto varia e vi sono molti pezzi simili al mio, prezzo e valore, non coincidono. In conclusione, le operazioni di stima, redazione perizie, e valutazioni commerciali, sono attività piuttosto complesse, in quanto son rimesse alla conoscenza: del mercato, dell'estimo, sia esperienza dell'operatore; *cosa ben piu complessa quindi, dal moltiplicare il prezzo unitario (rilevato dall'agenzia delle entrate o altro parametro) per il numero complessivo dei mq! Non a caso, abbiamo immobili di IDENTICHE dimensioni a prezzi completamente DIVERSI fra loro, e immobili con prezzi IDENTICI, ma con DIFFERENTI caratteristiche.*

Come puoi vedere, spiega bene come si determini il valore di un immobile, e che non si ottiene moltiplicando semplicemente il valore unitario rilevato dall'osservatorio immobiliare, per il numero dei metri quadrati della casa.

E questo è molto importante perché fa capire al cliente che tipo di professionalità c'è dietro al tuo lavoro. Una precisazione: una volta che hai illustrato che una valutazione non avviene a livello epidermico, ma su basi concrete e scientifiche, essa non può e non deve essere messa in discussione, o non deve diventare oggetto di trattativa col venditore.

Se l'accetta prosegui, se non l'accetta ascolta le sue ragioni, le quali non saranno mai logiche. Fagli capire che il mercato ha le sue regole, e che i valori si stabiliscono sulla base di quelle regole: se lui non le accetta e non accetta la tua valutazione, tu non prendere l'incarico.

Nella terza pagina, illustro nel dettaglio come avviene l'intero procedimento di vendita. Perché il cliente deve capire che nulla è lasciato al caso, e che tutto è frutto di attenta pianificazione ed elaborazione.

OPERATIVITA' E METODOLOGIA PER LA VENDITA

Condivisa la relazione di stima (redazione dell'atto attraverso cui si perviene al più probabile valore di mercato), si procede alla firma dell'incarico a vendere, documento necessario, per legittimare l'operatore a porre in essere quanto necessario per giungere alla vendita dell'immobile. Ma quali sono gli step successivi?

- *raccolta di tutti i documenti dell'immobile per la vendita (e verifica dei medesimi),*
- *elaborazione del servizio fotografico e degli annunci,*
- *selezione dei canali piu' idonei ove procedere a pubblicizzazione del bene,*
- *gestione dei contatti e organizzazione delle visite all'immobile,*
- *gestione delle trattative,*
- *redazione proposta acquisto (o vendita),*
- *redazione del contratto preliminare di compravendita,*
- *assistenza fino al rogito.*

Fondamentale sarà la "collaborazione" del cliente nelle fasi della vendita: tanto piu' questa sarà attiva, tanto piu' facilmente si giungerà a centrare l'obiettivo, alle migliori condizioni possibili, e nel minor tempo possibile. Questo perche il mercato, va cavalcato e non subito. Ma come si fa?
Una volta al mese, si procede assieme alla verifica dei risultati ottenuti: se sono soddisfacenti, si prosegue sulla stessa linea, qualora non lo fossero, occorrerà intervenire con delle modifiche (es: tipologia di annuncio, fascia di prezzo, ecc.), *che ne correggano tempestivamente l'efficacia.* Il mercato, oggi, è molto piu' dinamico (e veloce) rispetto agli anni passati, grazie soprattutto al computer. Cio' significa che, si ha una penetrazione di mercato, assai piu'efficace, efficiente e quindi incisiva; di per contro, il tempo di permanenza in pubblicità gioca un ruolo fondamentale: se la gente (il mercato) vede per troppo tempo un annuncio , lo scarta aprioristicamente in quanto ritiene che, se è ancora sul mercato, con ogni probabilità, ha qualcosa che non va, Dato che gli immobili buoni, o col giusto rapport prezzo/qualità, si vendono relativamente presto, la permanenza di un immobile sul mercato per troppo tempo, da adito a pensar male (il piu' delle volte a ragione peraltro). Ecco perchè, vanno colti immediatamente i segnali che il mercato da, e procedere alla correzione tempestive di rotta, qualora fosse necessario. Il tempo di vendita, quando si dilunga, è un fattore negative estremo: per "ripulire" l'immobile da una simile conseguenza, è necessario levarlo dal mercato per un paio di mesi, e poi riprocedere in maniera nuova e diversa. In conclusione, la metodologia di vendita prevede degli step precisi, delle tempistiche precise, e una collaborazione attiva fra professionista e cliente. Tanto piu' l'attività è svolta in maniera "scientifica" quindi professionale, tanto piu' si ottengono risultati in linea con le aspettative sia in termine di risultati che di tempistiche.

Il cliente ora sa come si perviene a una corretta valutazione di un bene, e come si procederà nella vendita. Ora capisce la complessità della nostra attività, e collaborerà al massimo per ottenere i risultati desiderati, perché ha compreso che il processo di vendita è un procedimento "scientifico", che risponde a regole ben precise e rigorose.

Spiegati questi concetti base, passo ad altri allegati che lo aiutino a capire quanto e come influiscano in termini di percentuale sul prezzo i vari coefficienti di merito e demerito, i quali fanno sì che la valutazione sia *ad hoc* per quell'immobile, e non un valore stimato per quel genere o categoria di immobili.

Ecco un esempio di alcuni coefficienti da combinare assieme.

Principali coefficienti di merito

Stato locativo	Contratto	Coefficiente di merito
Abitazioni libere		100%
Abitazioni locate a canone libero	con durata quadriennale	-20%
Abitazioni locate stagionalmente per brevi periodi		-5%

Piano	Con Ascensore	Senza Ascensore
Seminterrato	-25%	-25%
Piano terra o rialzato	- 10% (-20% senza giardino)	- 10% (-20% senza giardino)
Piano 1°	-10%	-10%
Piano 2°	-3%	- 15%
Piano 3°	0%	-20%
Piano superiori	+ 5%	-30%
Ultimo piano	+10%	-30%
Attico	+ 20%	- 20%

	Coefficiente di merito
Da ristrutturare	-10%
Buono stato	0%
Ristrutturato	+5%
Finemente ristrutturato	+10%
Nuova costruzione	+10%

Luminosità	Note	Coefficiente di merito
Molto luminoso	Soleggiatura diretta presente intero arco del giorno	+10%

Luminoso	Soleggiatura diretta presente in buona parte del giorno	+5%
Mediamente Luminoso	Soleggiatura diretta presente solo in parte del giorno	0%
Poco luminoso	Soleggiatura diretta presente per poco tempo del giorno o assente	- 5%

Esposizione e vista	Coefficiente di merito
Esterna panoramica	+10%
Esterna	+5%
Mista	0%
Interna	- 5%
Completamente interna	-10%

Edificio	Ottimo stato	Normale	scadente
1 – 20 anni	0%	0%	-5%
20 – 40 anni	+5%	0%	-10%
Oltre 40 anni	+10%	0%	-15%

	Coefficiente di merito
Autonomo	+5%
Centralizzato	0%
Centralizzato con contabilizzatore	+2%
Assente	-5%

E poi allego anche il calcolo delle superfici, per illustrargli come si computano, caso per caso, e in che percentuali:

Superfici principali		
Descrizione	Incidenza	Annotazioni
Superficie utile netta calpestabile	100%	
Muri perimetrali	100%	calcolare fino allo spessore max di 50 cm
Muri perimetrali in comunione	50%	calcolare fino allo spessore max di 25 cm
Mansarde	75%	altezza media minima mt 2,40
Sottotetti non abitabili (mansarda)	35%	altezza media minima inferiore a mt 2,40 ed altezza minima di mt 1,50
Soppalchi abitabili (con finiture analoghe ai vani principali)	80%	altezza media minima mt 2,40
Soppalchi non abitabili	15%	
Verande (con finiture analoghe ai vani principali)	80%	
Verande (senza finiture analoghe ai vani principali)	60%	
Taverne e Locali seminterrati abitabili (collegati ai vani principali)	60%	altezza media minima mt 2,40
Precisazioni		
Per il calcolo della superficie commerciale non potendo provvedere ad uno specifico rilievo, con molta approssimazione e limitatamente alle abitazioni, si potranno quindi considerare le murature (interne/esterne/comuni) uguali ad una maggiorazione della superficie utile netta pari al 10%.		

Tutto questo, come puoi intuire, non ha alcuno scopo pubblicitario, ma solo quello di rendere partecipe ed edotto il cliente sul lavoro che c'è dietro la gestione del suo appartamento.

Tu vuoi che egli legga queste poche pagine, perché deve essere in grado di comprendere e condividere il percorso che ci accingiamo a compiere insieme. Questa condivisione, ti assicuro, non gliela offre nessuno. Solitamente completo la brochure con l'elenco dei documenti necessari per il rogito:

Documenti necessari per la vendita:

- Documento e codice fiscale del venditore
- Atto di provenienza immobile
- Visura catastale aggiornata
- Piantina catastale aggiornata
- Concessione edilizia/agibilità (laddove c'è)
- Eventuali concessioni in sanatoria
- Certificati di lavori eseguiti (se eseguiti)
- Attestato di prestazione energetica
- Liberatoria oneri condominiali.

In questo modo, il venditore sa tutto quello che deve reperire. Concludo la brochure con i miei documenti personali: Patentino, mia iscrizione societaria alla Fimaa, e assicurazione professionale. In tutto, la mia brochure si compone di non più di 10-12 pagine, comprese quelle relative al suo immobile, che ovviamente qui non ho inserito; ma tutto questo lavoro parla molto della tua professionalità.

Perché nessuno condivide mai con il cliente queste informazioni. Tu sì. E ti assicuro non passa inosservato. Perché gli stai mostrando attenzione e rispetto per ripagare la fiducia che ti sta dando tramite l'incarico di vendita della sua casa.

Condividendo il percorso, lo rendi partecipe veramente. Questo, ti assicuro, non lo fa nessuno. Tu non stai facendo pubblicità: gli stai spiegando per filo e per segno cosa farai e cosa succederà.

Un altro aspetto delicato, di cui non ho ancora parlato, è quello dei "ribassi", ossia delle modifiche in senso peggiorativo che dovrai applicare sui prezzi in pubblicità, se non c'è riscontro positivo in tempi accettabili.

Il problema è farli digerire al proprietario che ti ha dato l'incarico di vendita. In sede di valutazione, come sai, ho spiegato molto bene come si perviene a certi valori. E nella brochure evidenzio in neretto la differenza fra "valore" e "prezzo".

Ora, mentre l'agente immobiliare è in grado di determinare il valore, il prezzo invece è determinato dal mercato. Parte del prezzo deriva da fattori estrinseci all'immobile: ad esempio, se nel raggio di 500 metri di immobile simile al mio ve ne sono 2-4, prezzo e valore quasi coincidono.

Ma se ve ne sono 15-20, il prezzo sarà certamente inferiore al valore, perché l'offerta supera di gran lunga la domanda, e quindi si abbassano necessariamente i prezzi, se si vuole vendere.

Il mercato lo fa l'incrocio della domanda con l'offerta e i valori che ne escono fuori sono insindacabili. Il mercato è fatto di numeri, di statistiche, non di sentimenti o ragioni logiche. Fuori mercato non si può stare. A meno che non si disponga di un pezzo unico.

Ma non è quasi mai il caso. Detto questo, non potendo andare contro mercato, ci si può solo adeguare, se si vuole vendere. Diversamente, meglio levare il pezzo dal mercato, se non si desidera bruciarlo commercialmente.

Ma come funziona il mercato in questi casi? Quando si immette un pezzo nuovo, per i primi due mesi tutta l'attenzione del mercato (rappresentato dalle persone che cercano case con quelle caratteristiche) è catalizzata e concentrata su di esso, perché è l'effetto novità (dato che gli altri pezzi presenti da più tempo sono già stati visti dai potenziali acquirenti, e quindi metabolizzati dal mercato).

Per cui, se il rapporto qualità/prezzo è corretto, un'offerta concreta avviene presto, ossia sfruttando l'effetto novità. Se il tempo si protrae senza che al termine dell'effetto novità arrivino risultati soddisfacenti, allora qualcosa non va: o il pezzo è brutto, o costa troppo, o è brutto e costa troppo.

In sintesi, il mercato dei segnali li dà quasi subito. E sono segnali abbastanza chiari per chi li sa leggere. Vanno colti immediatamente, se si desidera vendere in tempi e a prezzi accettabili.

Coglierli significa rimanere nel mercato, rimettersi sui giusti binari. Non coglierli significa porsi fuori mercato. E nessuno pagherebbe un solo euro in più del reale valore di un bene.

Spiegando prima della vendita come funziona l'andamento di qualsiasi mercato, compreso il nostro (cosa che ho fatto nella pagina della mia brochure esplicativa in cui illustro la metodologia di vendita), il cliente è gia edotto in merito, ne ha compreso la logica e il funzionamento, per cui, se si verifica questa eventualità, non avrà problemi ad adeguarsi ai segnali che arrivano.

Ecco perché è importante la condivisione da parte tua del percorso di vendita. Così non avrai problemi. Toccherà a te che sei esperto decifrare quei segnali, per capire dove devi andare.

Se hai molte chiamate ma poche prime visite, hai un problema nell'impostazione degli annunci in pubblicità. Se hai un buon numero di chiamate e un discreto numero di prime visite, ma poche seconde visite, vuol dire che la pubblicità è buona, la gente viene, ma non ritorna: quindi il problema è fra la prima e la seconda visita: il pezzo piace ma non convince.

Se l'interesse delle persone si ferma alle seconde visite, che, nonostante vi siano, non portano tuttavia a terze visite (o ne portano pochissime), vuol dire che il pezzo interessa ma è giudicato caro dal mercato, per cui va limato di poco.

Come vedi, i segnali vanno interpretati, per capire dove sta l'intralcio, al fine di poter agire di conseguenza. Un agente esperto fa queste analisi e agisce di conseguenza, e condivide questi risultati e queste analisi con il cliente, perché se gli si chiede di abbassare il prezzo è corretto spiegargli il perché.

Questa professione a mio parere è una delle più belle per varie ragioni: la prima è che vedi tanta gente e tante case. Io adoro le case. Per me la casa è arte.

La seconda è che il guadagno è svincolato dal tempo che lavori. Ed è potenzialmente illimitato. Ho colleghi che dopo anni di attività, avendo oramai un proprio portafoglio clienti consolidato, vendono 3-4 pezzi l'anno di una certa importanza, e poi vanno in vacanza. Se lavori sulle persone e non sulle case, avrai un ritorno incredibile.

Il cliente soddisfatto è la tua miglior pubblicità. Perché lui ti manda tutti i suoi amici, parenti, conoscenti, i quali, dopo averti provato, faranno altrettanto. Il tuo portafoglio clienti quindi può crescere all'infinito, senza che tu debba più cercarne di nuovi.

Sono loro che lavoreranno per te. Per arrivare a questo punto, ossia a non dover più cercare clienti e a scegliere tu quanto guadagnare, devi prima imparare tanto, fare esperienza, costruire una buona rete di relazioni sociali, e farti pubblicità in tutti i modi possibili.

Ricorda: il cliente soddisfatto è sempre la miglior forma di pubblicità. Sii differente dagli altri: le persone devono percepirti come un vero professionista, e perché questo accada devi diventare un vero professionista: studia sempre, aggiornati, e non smettere mai di aver voglia di imparare.

Il tuo sapere non può e non deve essere limitato alla tua professione: devi conoscere anche cose che, pur appartenendo ad altre professioni, sono collegate alla nostra: ad esempio dei vari tipo di diritto, di urbanistica ecc.

Si dice che la qualità di ogni professionista dipende dal portafoglio clienti che ha: è vero, è proprio così. Se sei un bravo agente immobiliare, ma un pessimo comunicatore, poco capace nel saper accogliere e interagire efficacemente con i clienti, è meglio che vai a fare il dipendente presso un'agenzia, se non ti impegni a sviluppare questa grossa area di miglioramento.

C'è chi nasce più predisposto e chi meno alle relazioni sociali. Ma chiunque può imparare e svilupparne le capacità. Non si nasce "imparati!". La tua forma mentis deve essere predisposta in modo tale che, da quando ti alzi la mattina a quando vai a letto la sera, chiunque tu incontri durante la giornata possa diventare tuo cliente.

E chiunque ti deve rendere in qualche modo: se non lui, magari un suo amico/conoscente che ha bisogno di servizi immobiliari. Siamo milioni di persone: infinite sono le possibilità di trovare clienti.

C'è concorrenza? Sì, ma spesso è poco qualificata, e comunque, con milioni di persone disponibili, c'è spazio per tutti.

Un'altra questione su cui discuto con i miei corsisti è il concetto dell'"esclusività di incarico di vendita". Molti, alle prime armi, accettano tutto e subiscono il cliente.

Comprensibile: non si ha ancora padronanza della professione, si ha l'ansia da portafoglio, e quindi si allentano i paletti della propria dignità professionale. Nulla di più sbagliato.

Per due ragioni: se li allarghi, poi ti rimane quell'impostazione, e soprattutto, siccome ti consente all'inizio di reperire pezzi facilmente, diventa poi più difficile rinunciarvi perché, in fondo, fanno portafoglio.

Le cattive abitudini diventano difficili da togliere. Questo tipo di approccio squalifica il lavoro dell'agente immobiliare, perché lo trasforma letteralmente in un "accattone immobiliare". Io non intendo essere un accattone immobiliare.

Ma cerchiamo di capire come mai, per molti, è difficile battere i pugni per farsi dare l'incarico in esclusiva.

Spesso mi sento dire dai colleghi che formo: "Sai, Manuel, quello è un cliente 'particolare' (premetto che non esistono clienti particolari), mi ha detto che siccome ha avuto brutte esperienze, non dà incarico, non si vuole legare a un solo operatore, si vuole riservare di poterlo vendere anche da solo, e comunque se e quando porto un cliente davvero interessato, semmai lo firma".

In questi casi abbiamo la situazione in cui un cliente sta dicendo apertamente che siamo una manica di cialtroni, e professionalmente incapaci; e un (presunto) agente che avalla questa sua credenza, accettando quelle imposizioni.

Anche qui, come spesso in precedenza ho detto, entra in gioco la capacità di comunicazione: per far ricredere un cliente, o per farlo sentire poco intelligente nell'offendere la categoria, ho due strade: dargli dell'imbecille e mandarlo a quel paese, o fare in modo che si dia del cretino da solo, e che si ricreda.

Ovviamente, è percorribile solo la seconda strada, a meno che non si desideri una denuncia. Vediamo come.

Quando si verifica questa situazione, devi domandare apertamente al cliente: "Signor Rossi, ho saputo che lei non intendere dare incarico in esclusiva. Me ne spiega per favore, nel dettaglio, tutte le motivazioni? Vorrei capire bene".

E lui ti tirerà fuori il solito campionario di quelli che non vogliono dare incarichi in esclusiva (ecco perché prima ho detto che non esistono clienti particolari, ma solo clienti): "Sa, dottor Frinconi... e fa l'elenco:

➤ non credo nella categoria
➤ basta mettere annunci e attendere telefonate
➤ ho avuto pessime esperienze
➤ più agenti, più possibilità di vendita
➤ voglio sentirmi libero
➤ ho dei contatti che potrebbero comprare casa mia
➤ per principio non do incarichi
➤ se ha qualcuno, lo porti e se compra le riconosco la provvigione e altro ancora.

Ora, in questo caso, devi segnare su carta una per una le obiezioni che muove, e ascolta molto attentamente, perché quello che dice, dopo potrai usarlo contro di lui. Le sue credenze, naturalmente, sono errate concettualmente, e dovrai saperle smontare una a una.

Tieni conto che su alcune di esse non ha torto perché molti colleghi, con il loro comportamento e la loro (scarsa) professionalità, danneggiano la categoria, dando adito a credenze simili.

Ma tu non sei uno di loro, e anzi, può essere la tua fortuna l'altrui mediocrità, quindi dopo averlo ascoltato pazientemente gli dici (leggi molto bene):

"Caro signor Rossi, mi spiace molto sentire queste sue parole. Evidentemente Lei ha riportato esperienze poco edificanti a opera di colleghi dalla scarsa professionalità.

Purtroppo, la mia categoria non è sempre considerata al pari di altre categorie professionali, proprio perché si verificano situazioni come quelle che, con ogni probabilità, saranno capitate a Lei (come vedi, gli sto dando un contentino, cosa che lui non si aspetta, e in fondo ha anche parte di ragione; ma a me tutto questo serve per ammorbidirlo, e portarlo dove voglio io.

Quindi prima gli dai ragione e lo spiazzi, poi recuperi e lo smonti nelle sue credenze). "Mi capita spesso di dover rimediare a situazioni determinate da scarsa professionalità di altri colleghi. La capisco bene. Tuttavia, le faccio una domanda: se non si trova bene dal suo dentista, che fa, non si cura più i denti?

Se il suo meccanico non la soddisfa più, che fa? non ripara più la macchina? Se il suo medico, notaio, commercialista, non vanno più bene, che fa? non si cura più, non stipula più e non presenta più le dichiarazioni dei redditi?

Signor Rossi, le faccio queste domande perché, in ogni professione/mestiere ci sono persone serie e meno serie. Ma non per questo non si usufruisce più dei vari servizi. Non si potrebbe. Quindi si cambia professionista.

Sicuramente non si sceglie il nome alla cieca sulle pagine gialle, ma si cerca presso amici, chiedendo espressamente di presentare un professionista fidato e serio. Accade anche nella mia professione. Come sono giunto a Lei? Grazie alla segnalazione dell'amico comune Tizio.

Ciò premesso, signor Rossi, mi permetta di illustrarle altre cose che le consentiranno di capire di quanto e come le sue credenze non siano corrette. Tutto questo, sia chiaro, nel suo interesse.

Utilizzare più operatori (agenti) per lo stesso immobile, Lei mi dice che aumenta le possibilità di vendita, giusto? Più operatori, più clienti, più possibilità di vendere presto e bene. È corretto?

Attendi la sua risposta e poi spieghi: "Niente di più sbagliato. Le spiego bene come funziona: quando immetto un pezzo sul mercato, la fascia di persone potenzialmente interessate a quell'immobile (ossia il 'suo' mercato di riferimento) è una sola.

Non esistono tante fasce di persone a seconda di quanti sono gli operatori: il mercato di riferimento per il suo pezzo è uno, ed è quello per tutti gli operatori.

Sa che effetto ha sul mercato immettere un pezzo gestito ad

esempio da cinque operatori? I clienti pensano che lei sia alla canna del gas e che ha urgenza di vendere, e quindi faranno offerte molto al di sotto del reale valore.

Questo desidera per la vendita del suo immobile? Inoltre c'è un'altra cosa che lei non sa: in casi come questi, ci sono sempre i clienti furbacchioni che, interessati alla casa, fanno il giro delle agenzie che trattano la sua casa, per spuntare con ciascuna di esse le migliori condizioni di prezzo sull'immobile e provvigionali!

Questo è come il mercato reagirà all'incarico dato a più agenti. È ciò che desidera per il suo immobile? Inoltre, stia sicuro che qualsiasi agenzia tratterà con maggior impegno i propri clienti che hanno dato l'incarico, puttosto che il suo. Anzi, useranno casa sua, per poi portarla in altre case del proprio portafoglio, dove hanno incarico di vendita.

È così che desidera sia gestito il suo immobile? Senza contare che dopo mesi in cui l'immobile viene così gestito, naturalmente non si vende.

Il che significa che viene 'bruciato' commercialmente, ossia che la gente vede ancora gli annunci, ma va oltre perché pensa che, se ce l'hanno più agenzie, e nessuna l'ha ancora venduto, forse ha problemi.

Mi dica, signor Rossi: lei per il suo immobile desidera la miglior gestione possibile, o si accontenta di ciò che le ho appena descritto? Se parliamo della prima soluzione, se lei vuole da me il massimo, mi deve mettere in condizione di agire al meglio.

L'incarico mi serve per varie ragioni:
- Quando ricevo le persone, mi domandano sempre il titolo di legittimazione (incarico) a trattare l'immobile.
- Idem, quando ricevo assegni a corredo di proposte.
- Tutela Lei se non opero professionalmente come devo.
- Tutela me se Lei non onora quanto promesso e scritto.
- L'immobile viene trattato al meglio con un solo stile gestione.
- Chiunque sia interessato, anche amici suoi, deve parlare con me, perché sono il Suo professionista incaricato.

Questo le evita anche situazioni imbarazzanti se acquirenti o interessati fossero suoi amici/conoscenti. Mai mischiare amicizia con denari.

Su due cose deve star tranquillo: la prima è che se un collega ha il cliente interessato alla sua casa, fra noi professionisti solitamente collaboriamo, perché l'importante è soddisfare i propri clienti (ecco perché non serve l'incarico a più agenzie: collaboriamo lo stesso fra noi).

La seconda è che uno deve essere il professionista che gestisce, perché uno deve essere il punto di riferimento per i clienti, quindi per il mercato.

Si ricordi che casa è un'emozione, e quindi l'operatore deve essere in grado di gestire l'emotività dei clienti con la sua esperienza, capacità di gestione e professionalità.

Immagini che confusione avrebbe un cliente se vedesse un immobile trattato da più colleghi: si chiederebbe: e ora con chi parlo? Con quale dei vari?

Capisce lo spiazzamento? Uno deve essere il referente. E tutti coloro che possano essere interessati, clienti, suoi amici, o altri colleghi, solo a un professionista si devono rivolgere.

Altrimenti sarebbe una confusione tale, uno spiazzamento tale, che contribuirebbe solo ad affossare commercialmente il suo immobile. Questo accade sempre a chi la pensava (bada bene, già stai usando il passato) come Lei.

Questo è il quadro chiaro della situazione, signor Rossi. Ora capisce perché non accetto incarichi senza contratto in esclusiva? Principalmente nel suo interesse.

Se lo desidera, stabiliamo un tempo di durata e io, per primo, sono disposto a sottoscrivere che il contratto non si rinnova automaticamente alla scadenza se ancora non avessi venduto.

Desidero che se Lei non si fosse trovato bene con me, sia libero di cambiare operatore, o di riconfermarmi qualora avesse valutato positivamente il mio operato, nonostante non avessimo ancora venduto.

Signor Rossi, io sono qui per lavorare e vendere, non per tener legato a me qualcuno che non mi vuole, e/o che non è soddisfatto del mio lavoro".

Pensi che dopo un simile discorso desideri ancora non firmare incarichi? No. Se così fosse, non accettare di lavorare per lui, perché il buongiorno si vede dal mattino. Un cliente che non si vuole impegnare con te, non è un cliente affidabile, né serio.

Non è un tuo cliente. Grazie a Dio, in giro non mancano. E tu concentrati sempre con e su persone per te produttive e che comprendono il valore aggiunto del tuo contributo professionale. Gli altri lasciali ai colleghi che sono tali solo nella definizione.

RIEPILOGO DEL CAPITOLO 8

- SEGRETO n. 1: le persone spendono in base alle emozioni che l'acquisto dà loro.

- SEGRETO n. 2: oltre alle loro ansie e paure, c'è la loro nuova casa.

- SEGRETO n. 3: se impari a gestire bene te stesso, potrai gestire chiunque altro.

- SEGRETO n. 4: condividi sempre il percorso anche umano col cliente, e lo legherai a te a vita.

- SEGRETO n. 5: l'importanza e l'essenzialità dell'esclusiva di incarico di vendita.

Conclusioni

Concludendo, in questo libro spero di aver spiegato bene in cosa consiste questa splendida professione, quanto sta cambiando e in che modo deve evolvere, come deve avvenire dalla A alla Z un corretto procedimento di vendita, quali sono le principali obiezioni nelle varie tappe del processo di vendita e come si gestiscono; come ci si crea nel tempo un portafoglio clienti, come si smontano i più importanti e diffusi ostacoli nell'immaginario collettivo, che generalmente ostacolano la nostra attività.

Lavora sempre sulla persona: la casa una volta venduta, incassata la provvigione, non ci è più di alcuna utilità: le persone invece sì, perché ti procurano altre persone, che a loro volta te ne procurano altre ancora, in maniera esponenzialmente illimitata. La tua ricchezza, quindi, sono le persone non le case.

A seconda dell'importanza del cliente, sappi giocarti eventuali sconti provvigionali: ma bada bene, ogni concessione da parte tua

147

deve sempre essere un investimento con una precisa idea di ritorno, e lo devi far capire chiaramente.

I professionisti non studiano e non lavorano per regalare: e se investo sulla persona concedendo sconto provvigionale, quell'investimento mi deve comunque rendere. Sempre.

Ricordati sempre che se il Padreterno ci ha dato due orecchie e una bocca, è perché riteneva che fosse più importante asoltare che parlare. Se parli, ripeti solo ciò che sai; se ascolti, impari ciò che non sai (e capisci molte più cose).

In questo libro mi sono soffermato solo sul primo punto dei servizi che offro, elencati tutti quanti prima negli allegati che io consegno ai clienti con le mie brochure. Gli altri servizi richiedono una competenza e preparazione che esulano dallo scopo e oggetto di questo libro.

Inoltre, sono meno richiesti della normale compravendita. Sicuramente più redditizi, ma meno richiesti, e comunque presuppongono una preparazione specifica.

Se qualcuno fosse interessato ad approfondirli e/o a impararli, erogo corsi specifici, da effettuarsi non più di tre persone alla volta. O per qualsiasi cosa mi puoi contattare alla mia mail o al mio cellulare.

Nella professione ti divertirai parecchio perché troverai persone così diverse, con richieste spesso astruse, assurde, divertenti. Devi divertirti quando lavori.

Vedrai molte belle case, conoscerai molte persone, assisterai a situazioni kafkiane, gestirai situazioni delicate personali, familiari, ereditarie ecc.

Ogni situazione, persona, merita la tua attenzione, il tuo rispetto, e la tua dedizione. Dai sempre il meglio anche nelle cose più banali. Essere agente immobiliare non è un modo di fare, ma un modo di essere. Lo sarai anche fuori degli orari di lavoro, perché diventa una forma mentis, uno stile di vita.

Un detto arabo dice che se ami ciò che fai, avrai passato la vita senza dover lavorare un solo giorno. Ed è vero. Distinguiti sempre dagli altri, e pensa sempre che se la media dei colleghi è scarsa, da una parte questa cosa ti danneggia, ma dall'altra ti agevola enormemente, perché hai un mare di clienti insoddisfatti da recuperare.

Pensa che competizione ci sarebbe se fossimo tutti bravissimi. In quel caso sarebbe davvero una lotta.

Desidero porgere un ringraziamento particolare al mitico editore Giacomo Bruno, cui mi lega un affetto personale e un rapporto di stima oramai pluriennale, oltre che professionale: come io son "suo" cliente e autore, lui da anni è "mio" cliente.

Sto finendo di gestire la vendita di tutto il suo portafoglio immobiliare (come sapete tutti si è trasferito a Milano con la famiglia) e ne abbiamo vissute tante insieme in questo percorso professionale che ci ha legato a doppio filo.

Prim'ancora di essere un vero imprenditore, è un vero signore, cosa, questa, assolutamente rara in generale da trovare in giro. Un saluto particolare a sua moglie Viviana, la quale incarna molto bene il detto "dietro ogni grande uomo, c'è sempre una grande donna".

E una carezza alla loro figlia, la piccola Luna, che a dispetto del nome, ha degli occhi vispi che brillano come il sole.

Ora che hai letto questo libro, hai un mondo là fuori da conquistare: migliaia di clienti che, o sono stati gestiti male, o devono vendere casa e non sanno né come farlo, né a chi rivolgersi.

Tu, se lo scegli, sarai il meglio cui loro possano aspirare. Solo che "loro" ancora non lo sanno. Il tuo primo passo è appunto questo: portare tutti a conoscenza, che da oggi, per qualsiasi esigenza immobiliare, ci sei tu. E che non potrebbero essere seguiti meglio.

Datti da fare, perché c'è molto da fare. Ma le soddisfazioni che avrai sul piano personale, professionale ed economico, difficilmente un'altra professione te le potrebbe mai dare.

In bocca al lupo, e per qualsiasi cosa, se hai bisogno di me e ti è piaciuto questo libro, mi puoi scrivere alla mia mail: manuel.frinconi@yahoo.it, o visitare il mio sito: www.manuelfrinconi.it, o tranquillamente chiamare il cellulare, al 347-5775512.

Ora tocca a te!

www.ingramcontent.com/pod-product-compliance
Lightning Source LLC
Chambersburg PA
CBHW071556200326
41519CB00021BB/6777